Ute Elisabeth Mordhorst

Vom Schneemann, der nicht tauen wollte

Besondere Weihnachtsgeschichten

HERDER

FREIBURG · BASEL · WIEN

MIX
Papier aus verantwortungsvollen Quellen
FSC® C083411

www.herder.de

Einbandgestaltung: Designbüro Gestaltungssaal
Umschlagmotiv: © Designbüro Gestaltungssaal
Illustrationen im Innenteil: AlexVector/shutterstock.com

Satz: Arnold & Domnick, Leipzig
Herstellung: CPI books GmbH, Leck

Printed in Germany

ISBN 978-3-451-34239-4

Inhalt

Der Adventskalender

Jedes Jahr pünktlich zum 1. Dezember hatte er das Adventsdorf aufgebaut. Er hatte gewartet, bis sie schon schlafen gegangen war, und dann die Schreibplatte des Sekretärs, der im Flur stand, leise aufgeklappt und eine Lage weißen Watteschnees darauf ausgerollt. Vierundzwanzig kleine selbstgeschnitzte und bemalte Holzhäuser hatte er über die Schneelandschaft verteilt. Von ihrem Schlafzimmer aus hatte sie das dumpfe Aufsetzen der Holzhäuser auf dem antiken, wuchtigen Möbel gehört und gedacht: Rührend, wie vorsichtig er jedes Jahr dieses Kalenderdorf aufstellt, das er für sie gezimmert hatte. Von den Häuschen ließen sich die grün oder rot lackierten Dächer abheben und in jedem von ihnen brannte ein Licht, zumindest sah es so aus, als brannte ein Licht in jedem Haus. Er hatte mit hellem Goldlack Fenster auf die Häuserwände gemalt, rechteckige hohe Sprossenfenster, und jedes Haus im Dorf leuchtete von innen und neben den Türen prangten große schwarze Ziffern, Hausnummern von eins bis vierundzwanzig. Und dann, unter den Dächern, im hohlen Inneren, verbarg sich die Tagesüberraschung, eine Weihnachtsschokolade, ein Zinnanhänger, eine Einladung zum Weihnachtsmarkt oder eine Tagesweisheit. *Der Ort der Wahrheit ist die Beziehung. Wenn dir Türen zugeschlagen werden, öffne andere.* Das war der letzte Sinnspruch gewesen. Ob er geahnt hatte, dass es der letzte sein würde?

Morgen war der zweite 1. Dezember ohne ihn. Die Häuschen standen verpackt in einem Karton auf dem Dachboden. Sie mochte sie nicht aufstellen. Das war sein Ritual gewesen. Sein jährliches Adventsgeschenk an sie. Seit zwei Jahren war das Dorf ausgestorben ohne ihn. Der Sekretär, das wuchtige alte Möbel auf dem langen, breiten Flur war ausgestorben, der Flur leuchtete nicht mehr. Sie fühlte sich selbst zum Teil ausgestorben, heimatlos in ihrer Geisterwohnung. Sie nahm sich vor, wieder Kontakte zu pflegen. Wieder nach außen zu gehen, nachdem sie sich zwei Jahre zurückgezogen, nach innen geschaut hatte. Aber ausgerechnet jetzt, in der Adventszeit? War das eine gute Zeit, um ihr Schneckentrauerhaus zu verlassen? Alle waren im Terminstress, beruflich wie privat. Sie stand im Flur, schaute von dem Sekretär, dessen Schreibplatte eingeklappt war, auf die Wand und überlegte. Nein, für diesen Adventskalender gab es keinen Ersatz. Brauchte sie überhaupt einen? Vielleicht, ja. Vielleicht, weil sie ein eigenes Ritual brauchte. Ein neues. Sie setzte sich an den Sekretär, stützte den Kopf in beide Hände und schloss die Augen.

Am nächsten Morgen war ihr Chef natürlich schon vor ihr im Büro. Sie konnte so früh anfangen, wie sie wollte, immer war er früher da als sie. Erster! Hase und Igel, dachte sie und versuchte es mit Humor: Hase und Igel, immer noch besser als Katz und Maus. Sie seufzte. Wie gern hätte sie ein paar Minuten für sich gehabt, zehn Minuten, um in Ruhe anzukommen. Aber mit diesem ruhe- und rastlosen Wolf ging das nicht. Wie oft hatte sie ihm gesagt, ich brauche wenigstens zehn Minuten, um mich zu organisieren. Keine Chance. Er, mit den Argusaugen und Hundeohren, würde wie immer, kaum, dass sie den Schlüssel ins Schloss gesteckt und die Tür zu ihrem Office aufgeschlossen, kaum dass sie das Fenster geöffnet hatte, bei ihr anrufen. „Frau Haase, guten Morgen, wie geht's? Hätten Sie kurz Zeit?" Sie würde sich ihre zehn Minuten nehmen, aber keine Minute mehr, denn dann würde das Telefon ein zweites Mal klingeln. Also würde sie vor dem zweiten Anruf in sein Büro kommen und ihn freundlich begrüßen, den Machtmenschen hinter seinem Schreibtisch, hinter seinen drei Laptops und zwei Smartphones. Er würde ihr einen Kaffee anbieten, kurzatmig im Schnelldurchgang die To-dos besprechen, zum ersten Termin hetzen. Sie schloss das Fenster. Der Wandkalender zeigte noch November an. Sie blätterte die Seite um, verschneite Tannen an Schneelandschaft, 1. Dezember. Sie nahm einen Notizblock aus der Schublade, verließ ihr Büro und ging den Flur hinunter. Als sie vor der Tür ihres Vorgesetzten stand, zögerte sie auf einmal: *Wenn dir Türen zugeschlagen werden, öffne andere.*

1. Dezember. Sie sah sich in Gedanken eine große Eins auf die Tür ihres Chefs malen. Da war es ja. Direkt vor ihrer Nase. Das erste Adventstürchen. Mal sehen, was sich dahinter verbarg. Sie klopfte an, mit klopfendem Herzen. Ich lasse mich überraschen, dachte sie, ich versuche, alles zum ersten Mal zu sehen, mit Anfängeraugen. Sie öffnete die Tür mit

ein bisschen zu viel Schwung und sah einen übergewichtigen Mann hinter einem großen Schreibtisch sitzen. Er hatte den Kopf gesenkt, sie sah auf sein dichtes schwarzes Haar. Er hob den Blick und sah sie gequält an, als habe er ein schlechtes Gewissen. Ihr Blick glitt über die Laptops und Smartphones und blieb an der Messingbürolampe hängen, an der … ein kleines schwarzes Stoffschäfchen baumelte wie eine Baumfrucht. Überraschung! Das Früchtchen hatte sie anscheinend bis jetzt übersehen. Es rührte sie. Es sah ihm ähnlich. Es sah ihm ähnlich, sich dieses Maskottchen hinzuhängen, das etwas verloren wirkte auf dem großen, beeindruckenden Schreibtisch. Zum ersten Mal fand sie, dass auch der Chef etwas verloren aussah hinter dem großen, beeindruckenden Schreibtisch, hinter dem großen, beeindruckenden Namen, hinter dem großen, beeindruckenden Weltunternehmen. Sie schloss die Tür hinter sich. „Guten Morgen, Herr Professor Wolf", sagte sie und deutete auf das schwarze Schäfchen und grinste. „Von Ihrer Frau?" Der Chef schaute überrascht auf. „Ein Gemeinschaftsgeschenk von meiner Frau und meiner Tochter", brummte er und lächelte.

In den nächsten Wochen öffnete sie weitere dreiundzwanzig Türchen. Sie bemalte Türen in Gedanken mit Ziffern. Manchmal vorsätzlich, manchmal spontan. Sie öffnete die Türen wie zum ersten Mal und sie wurde überrascht. Hinter Tür Nr. 2, der Eingangstür zu ihrem Biobäcker, verbarg sich ein Gratis-Schokocroissant für sie, ein kleiner Trost dafür, dass ihre geliebten Marzipan-Croissants nicht vorrätig waren. Sie erfand Türen. Tür Nr. 11 war ein Anruf bei der ehemaligen Arbeitskollegin. Sie verwählte sich und das Gespräch mit einem „falsch verbundenen“ Menschen erwies sich als ausgesprochen nett. Tür Nr. 19: das neue Buch, das sich als Entdeckung erwies. Tür Nr. 22: der Briefkasten, der statt der ersehnten Weihnachtspost eine Mahnung erhielt, mit der sie aber zu ihrer Überraschung gut umgehen konnte. Tür Nr. 22: das Portal der Kirche, in der sie lange nicht mehr gesessen hatte und in der sie einen geheimnisvollen Zettel fand.

Tür Nr. 24: der Zettel, den sie auf der Kirchenbank gefunden hatte. Sie entfaltete ihn an Heiligabend und las zu ihrer großen Überraschung:

Ich weiß deine Werke. Siehe, ich habe vor dir gegeben eine offene Tür und niemand kann sie zuschließen; denn du hast eine kleine Kraft und hast mein Wort behalten und hast meinen Namen nicht verleugnet. Offenbarung 3,8

Sie ging ans Fenster und schaute auf die Straße. Es war ganz dunkel. Es schneite. Sie hatte den Weg aus dem Dorf gefunden in die Stadt. Das Dorf war nicht dem Vergessen gleich gemacht worden. Es war nicht von ihrer Landschaft verschwunden, aber jetzt lebte sie wieder in der Stadt, die heute aus allen Fenstern und Türen leuchtete.

Die Wachsmalkreiden

Die Kirchenglocken läuteten zur dritten Morgenstunde. Sankt Nikolaus stapfte durch die Straßen und rollte zufrieden den leeren Jutesack zusammen. Die Geschenke hatte er alle verteilt. – Doch nanu, da war ja noch etwas …? Er schüttelte den Jutesack wieder auseinander und zog eine kleine, schmale Schachtel daraus hervor. „Seltsam“, murmelte er. „Ein Geschenk ist übrig geblieben. Sollte ich jemanden vergessen haben?“ Auf dem Päckchen stand lediglich ein Buchstabe: D. D … wie Dora.

Noch während er darüber grübelte, fand er sich plötzlich im eleganten Villenviertel der Stadt wieder. „Nichts als hohe, graue Mauern“, dachte er. „Die reinste Geisterstadt!“ Wo um Himmels willen wollte dieses letzte Geschenk hin? Da erblickte er plötzlich eine sommergelbe Steinwand. Sankt Nikolaus überlegte nur kurz, dann machte er einen Sprung und zog sich an der Mauerkante hinauf. Der alte Heilige kniff die Augen zusammen; war dies nun ein Haus, in dem ein Kind wohnte?

„Guten Abend, kann ich helfen?“ Sankt Nikolaus fiel vor Schreck von der Mauer. Vor ihm stand eine kleine, alte Frau, die einen ziemlich großen und aufgeregten Hund an der Leine hielt. „Shakespeare, bei Fuß.“ Ihre Stimme klang überraschend jung, obwohl sie an die achtzig Jahre alt sein mochte. Ihre Augen waren tiefblau und schauten warm und klug. „D … wie … Dora … Winter …!“, rief

Sankt Nikolaus. Die kleine, alte Frau lächelte. „Sommer", entgegnete sie munter. „Ich habe vor Jahren geheiratet. – Dass du dir meinen Namen gemerkt hast, Sankt Nikolaus … ich darf doch ‚du' sagen?" Sankt Nikolaus nickte und schmunzelte. „Natürlich habe ich mir deinen Namen gemerkt", sagte er. „Und dein Gesicht auch. Ich merke mir jedes Gesicht von jedem Kind, dem ich einmal ein Geschenk gebracht habe.

Bei dir war ich im Februar 1944 – und ich weiß noch genau, was ich dir gebracht habe", sagte Sankt Nikolaus. „Warme Socken", fiel ihm die kleine Frau Sommer ins Wort. „Dabei hatte ich mir nichts sehnlicher gewünscht als Wachsmalkreiden." Es klang fast ein bisschen vorwurfsvoll. „Warme Socken brauchtest du damals aber nötiger", sagte der Nikolaus. „Ja – und heute wohne ich in dieser steinreichen Gegend … Willkommen im Steinreich! Wir verschanzen uns hier alle hinter unseren hohen Mauern", seufzte sie. „Keiner weiß vom anderen. Jeder will anonym bleiben. Der einzige Freund, den ich hier habe, ist mein treuer Shakespeare."

Sankt Nikolaus schaute sie von der Seite an. Dann kam ihm eine Idee. Mit einem Mal war der Geschenkesack wieder bis zum Rand gefüllt. „Nun, meine liebe Dora – wie du siehst, habe ich noch eine ordentliche Runde vor mir", sagte er und deutete dabei auf die Last auf seinem Rücken. „Doch vorher habe ich noch etwas für dich." Er zog die kleine, flache Schachtel aus seiner Manteltasche und überreichte sie ihr. „Ein verspätetes Geschenk. Vom Nikolaus", sagte er.

Die kleine, alte Frau senkte den Kopf und lächelte. „Danke!" Dann trat sie durch einen geöffneten Torspalt in den Wintergarten. Ein leises Quietschen und das Tor fiel hinter ihr ins Schloss. Sankt Nikolaus stiefelte los. „Sollte mich nicht wundern, wenn sie in der nächsten Zeit Besuch bekommt", dachte er gut gelaunt. Dann begann er, die Geschenkanhänger an den Paketen zu beschriften. „Viele Grüße vom Nikolaus. Ihre Dora Sommer", schrieb er auf die Schildchen der Pakete, die er für die nettesten Nachbarn vorgesehen hatte. Und auch die alte Dame schrieb in dieser Nacht noch etwas. Kaum war Sankt Nikolaus um die Ecke verschwunden, trat sie noch einmal auf die Straße hinaus. Sie hielt eine flache, geöffnete Schachtel in der Hand und schrieb sieben Wörter an ihre Grundstücksmauer. Bunt auf sommergelb und für alle gut leserlich schrieb sie: Willkommen. Hier wohnen Dora Sommer und Shakespeare.

Der Schneemann und Herr König

Der Winter hatte sich in diesem Jahr spät auf den Weg gemacht, nun zog er mit Riesenschritten über das Land und rollte einen gewaltigen Schneeteppich vor sich her. Bei jedem seiner ausladenden Schritte griff der Winter in seine tiefe Manteltasche und besprengte die Landschaft mit pulvrigem Schnee. Wenn er an den Häusern der Menschen vorbeikam, zog er einen feinen Rosshaarpinsel hinter seinem Ohr hervor und bemalte die Fenster mit Eisblumen. Nach guter alter Himmelssitte wurde der Winter von einem Engelchen auf seiner ersten Erdentour begleitet. „In diesem Jahr handelt es sich aber um ein eigensinniges, wissbegieriges Ding", dachte der Winter bei sich. Sie waren schon seit Tagen unterwegs und die kleine Begleiterin hatte noch keinen Moment lang geschwiegen. „Himmel!", rief das Engelchen immer wieder und schüttelte seinen goldgelockten Kopf, „was ist denn das?" Der geduldige Winter wurde nicht müde, dem Engelchen seine vielen Fragen zu beantworten. Schließlich kamen sie in die Stadt. „Himmel!", rief das Engelchen und lugte über die Backsteinmauer des Kirchhofhains, hinter der drei Kinder dicke Schneekugeln vor sich her rollten und aufeinandersetzten.

„Die Kinder bauen einen Schneemann", erklärte der Winter. „Geh ruhig näher heran, aber fass um Himmels willen nichts an, hörst du?!" „Versprochen. Hoch und heilig!", rief das Engelchen. Schon hatte es sich wieder fortgerissen.

Der Schneemann stand ganz stumm, er hielt die Augen geschlossen, ein friedlicher Ausdruck lag über seinem feinen Gesicht. Schön!, dachte das Engelchen. Dann erschrak es, denn plötzlich umringten die Kinder den Schneemann und trommelten mit ihren Fäusten von allen Seiten auf ihn ein. „Halt, nicht schlagen!“, rief das Engelchen empört. Aber da waren die Kinder schon fort, um einen Hut für den Schneemann zu holen. „Heile, heile Händchen, alles wieder gut“, summte das Engelchen und strich dem Schneemann mitfühlend über den Kopf. Dann zuckte es zusammen. Hatte der Winter ihm nicht verboten …? „Himmel!“, flüsterte das Engelchen und wirbelte davon.

Seit Stunden herrschte gespannte Erwartung unter den Tannen des Kirchhofhains. Was für eine Sorte Schneemann würde der Neue wohl sein? „Hoffentlich nicht so mundfaul und karottenhochnäsig wie der vom letzten Jahr!“, raunte die alte Fichte ihren Mit-Tannen zu.
„Ein paar Worte hätte der eingebildete Schneeklops ruhig mit uns wechseln können, etwas Unterhaltung tut schließlich auch uns gut, wo wir so wenig in der Welt herumkommen.“ Sie hatte ihre tief verwurzelten Ansichten über Schneemänner. „Ja, ja, nicht jeder hat so viel Glück wie die Stubentannen. Die werden mit Goldkugeln und Lametta behängt und die Menschen singen Loblieder auf sie. In den

höchsten Tönen“, stichelte die junge Kiefer. „Willst du etwa mit den Stubentannen tauschen?!“, fragte die vornehme Blautanne hochmütig. Der ganze Tannenhain versank in düsterem Schweigen. „Achtung, ich glaube, er wacht auf!“, rief die junge Kiefer und die Tannen wandten sich gespannt dem Neuankömmling zu.

Der Schneemann öffnete die Augen und schaute sich schlaftrunken um. „Oh!“, sagte er, als er in die forschenden Gesichter der Tannen blickte. „Guten Abend, die Damen!“ Der Schneemann räusperte sich und nickte höflich in die Runde. Die Tannen verstummten. Sie waren recht hölzern, wenn es um neue Bekanntschaften ging. Ein eisiges Schweigen senkte sich über den ganzen Hain. Aber der feinsinnige Schneemann wusste, wie sich ein Kavalier in Gesellschaft von Tannen zu benehmen hatte. Er zog seinen Kochtopf-Hut und machte eine tiefe Verbeugung vor dem Tannenhain.

Oooh, raunten die Tannen. Eine engelsgleiche, blonde Lockenpracht ergoss sich über die weißen, rundlichen Schultern des Schneemannes. So etwas hatten die Tannen ihr Lebtag nicht gesehen. Jedenfalls nicht bei einem Schneemann. „Darf ich fragen, was Sie machen? Sind Sie … vielleicht …?“, fragte die hochmütige Blautanne interessiert. Der Schneemann überlegte.

„Nein, ich glaube nicht!“, sagte er nachdenklich.

„Ich glaube, nein.“ Er musste erst herausfinden, wer er war.

„Oh!“, raunten die Tannen. „Wie geheimnisvoll!“ Am nächsten Morgen wurde der Schneemann unsanft aus dem Schlaf gerissen. Etwas Hartes sauste ihm an die Stirn. Rrroms, eine zweite Kugel traf ihn an der Schulter. „Schau dir den an! Ist er nicht goldig!“, lachte eine Jungenstimme. Woher kam das Lachen? Der Schneemann konnte nichts sehen. Die goldenen Locken hingen vor seinen Augen wie ein dichter Wollvorhang. „Goldlöckchen, Schneeröckchen!“, höhnten die Jungen und feuerten ihre Schneebälle auf den Schneemann ab. Autsch, ein Treffer an die Stirn! Der Schneemann hüpfte schwerfällig von einer Seite auf die andere und kam dabei mächtig ins Schwitzen. Dann war wieder Stille. Der Schneemann wischte sich den Schweiß von der Stirn.

„Schrecklich, diese Lausbuben“, schimpfte die alte Fichte und zitterte am ganzen Stamm. Eine Strähne silbergrauer Nadeln fiel in den Schnee. Immer, wenn die alte Fichte sich ärgerte, bekam sie Nadelausfall. Gegen Mittag kehrten die Jungen an den Kirchhofhain zurück. „Aufgepasst, Goldlöckchen!“, riefen sie und feuerten aufs Neue ihre Geschosse auf den Schneemann ab. Wieder hopste der Schneemann hin und her, bis er wieder ganz aus der Puste war. Er hatte am ersten Tag bereits ein ganzes Kilo Schnee abgenommen. „So setzen Sie halt Ihren Kochtopf-Hut wieder auf!“, raunte die junge Kiefer gereizt.

Der Schneemann bückte sich schwerfällig nach seinem Kochtopf-Hut und versuchte, die Lockenpracht darunter zu verstecken. Aber das Engelshaar war nicht zu bändigen. Der Hut rutschte dem Schneemann immer wieder vom Kopf und die Tannen standen wie angewachsen.

Der arme Schneemann. Er war zur Zielscheibe geworden. Jeden Tag flogen ihm die Schneebälle an die Stirn und um die Locken. Jeden Tag war er dem Hohn und Spott der Lausbuben ausgesetzt. Die alte Fichte stand dem Schneemann am nächsten und sie litt am meisten mit ihm. Ihre silbergrauen Nadeln bröselten nun unablässig zu Boden. Eines Tages bekam auch sie einen Schneeball an den greisen Kopf geworfen. „Das hat uns der Schneemann eingebrockt!“, flüsterte sie ihren Freundinnen schwer getroffen zu. „Seit dieser Störenfried hier aufgetaucht ist, haben wir nichts als Ärger!“ Die Tannen nickten. Wenn es darauf ankam, standen sie äußerst dicht zusammen. Fortan zeigten sie dem Schneemann die kalten Schultern. Da wurde der Schneemann sehr traurig. Er begann, sich seiner Lockenpracht zu schämen, und fasste einen Entschluss.

Der Friseurmeister Jacques König war gerade mit der Abrechnung seiner Tageseinnahmen beschäftigt, als der Schneemann den Salon „Schnittig und Schön“ betrat. Das Weihnachtsglöckchen über der Eingangstür meldete den neuen Kunden mit silberhellem Sopran an. Der Schneemann huschte durch den menschenleeren Raum und glitt in einen der schwarzen Kunststoffsessel. Herr König trat geräuschlos hinter seinen Kunden. „Sie wünschen, der Herr? Oder … die Dame?“, fragte Herr König und schaute den

Schneemann erst prüfend, dann gleichmütig an. Diskretion gehörte zu seinem Beruf.

Der Schneemann wischte sich die Locken aus der Stirn. „Ich hätte gern so eine Frisur wie Sie!", sagte er und deutete auf Herrn Königs Glatze. Herr König warf einen müden Blick auf die Haare des Schneemannes und wickelte ein paar goldene Locken um seine Finger. Dann stieß er einen kleinen, schrillen Schrei aus.

„Das … das …", stammelte er, „ist ja echtes Engelshaar!" Herr König trat einen empörten Schritt zurück und verschränkte die Arme. „Tut mir leid!", sagte er entschieden. „Von echtem Engelshaar lasse ich die Finger … und die Schere! Das verbietet mir mein Scher … – mein Ehrgefühl!" „Bitte. Tun Sie mir den Gefallen!", bat der Schneemann. Herr König schüttelte energisch den Kopf und schaute entschlossen zu Boden. Als er wieder aufsah, blickte er in das enttäuschte Gesicht des Schneemanns. „Selbst wenn ich wollte, es ginge nicht", seufzte Herr König und zuckte die Achseln. „Echtes Engelshaar ist unabschneidbar. Warum um Himmels willen wollen Sie sich denn überhaupt von dieser Pracht trennen?" „Die Kinder verhöhnen mich!", flüsterte der Schneemann und senkte den Blick. Herr König musterte den Schneemann eingehend. Er rieb sich das glattrasierte Kinn und dachte nach.

„Momentchen!", rief er plötzlich und verschwand in einem Nebenraum. Als Herr König zurück war, trug er eine runde Schachtel in den Händen. „Ta ta ta taaa!", rief Herr König stolz. Seine Augen leuchteten, seine Wangen waren gerötet und er tänzelte aufgeregt durch den Raum. Dann warf er die Schachtel auf die Frisierkonsole und trat gut gelaunt hinter den Schneemann. Herr König fischte einen Kamm aus seiner Kitteltasche und machte sich flink ans Werk. Seine Hände flogen um den Kopf des Schneemanns wie die Hände eines Dirigenten. „Schnittig!", rief Herr König, als er fertig war.

„Und schön! Die perfekte Hochfrisur. Endlich sieht man ihr Gesicht. Und jetzt noch ... ta ta ta taaa! – Ein altes Erbstück. Von meinem Großonkel. Toll! Wie für Sie gemacht", rief Herr König. Der Schneemann schaute in den Spiegel. „Meinen Sie wirklich?!", fragte er zaghaft.

„Na klar!", erwiderte Herr König. Der Schneemann schwieg. Dann lächelte er schüchtern. „Was bin ich Ihnen schuldig?", fragte er und errötete. Ihm war eingefallen, dass er gerade nicht flüssig war. „Ich bitte Sie, es war mir ein Plaisir!", rief Herr König; er hatte ganz feuchte Augen und schüttelte dem Schneemann lange die Hände.

Herr König hielt dem Schneemann wortlos die Tür auf; das Weihnachtsglöckchen verstummte über dem veränderten Aussehen des Schneemannes, fast hätte es vergessen, Auf Wiedersehen zu läuten. „Adieu, und ein charmantes Weihnachtsfest!", hörte der Schneemann Herrn König rufen.

Der Schneemann schritt gedankenverloren durch die schwarzblaue Nacht. Unter seinen Füßen knirschte leise der Schnee. Als er um eine Straßenecke gebogen war, kam ihm der Winter entgegen. „Lieber Herr Schneekönig, guten Abend!", grüßte der Winter freundlich und zog den Hut vor dem Schneemann. An der Hand des Winters hüpfte das vorwitzige, blond gelockte Engelchen. „Guten Abend, Herr Schneekönig!", grüßte auch das Engelchen. Der Schneemann blieb verblüfft stehen. Was hatten die beiden zu ihm gesagt? Vor einem Kaufhaus machte er Halt und betrachtete sich im Schaufenster. Sein Gesicht schaute freundlich und offen. Die Königskrone auf seinem Kopf funkelte wie der Sternenhimmel. – Ja, dachte er still und ließ den Blick über die Straße schweifen. Dort hinten lag der Kirchhofhain. Dort hinten standen die Tannen. Nein, dorthin würde er nicht zurückkehren. Er würde einen besseren und einen schöneren Platz finden.

Das Weihnachtsengelchen

Benny faltete das Blatt Papier zusammen und legte es in den Briefumschlag. Sein Herz schlug ihm bis zum Hals. Eben war ihm eingefallen, dass der Weihnachtsmann vielleicht nicht so gut lesen konnte, weil er vielleicht schwache, müde Augen hatte. Schwache, müde Augen wie die alte Frau Hansen. Benny schrieb seinen Herzenswunsch extrabreit und gut leserlich und in Großbuchstaben über die ganze Seite. Diesmal wollte er keinen Fehler machen. Auch in diesem Jahr wünschte sich Benny nichts sehnlicher als EINEN KLEINEN SÜSSEN HUND.

Schnell noch eine Briefmarke auf den Umschlag und dann nix wie los. Benny sauste zur Garderobe, riss die Winterjacke vom Bügel und schlüpfte in seine Winterstiefel. Als er die Tür hinter sich in Schloss geworfen hatte, wäre er im Hausflur fast mit Frau Hansen zusammengestoßen. Frau Hansen versuchte etwas umständlich, ihren Schlüssel ins Schloss zu stecken. Ein kleiner Hund tänzelte um ihre Beine und lief dann auf Benny zu. „Hallo, Angelino", rief Benny und Frau Hansen drehte sich nach ihrem kleinen Nachbarn um. „Junge, hast du deinen Schlüssel auch dabei?", fragte Frau Hansen. Benny griff erschrocken in seine Jackentasche und nickte erleichtert. Frau Hansen ging ein wenig in die Hocke und hielt ihre Nase ganz dicht an die Tür, bis der Schlüssel endlich im Schloss steckte und sie ihn zweimal umdrehte. Benny streichelte den kleinen Hund. „Na, Junge, willst du wieder auf den Spielplatz?", fragte Frau Hansen und schaute Benny von der Seite aus ihren großen müden Augen an. „Erst muss ich noch Post wegbringen", antwortete er. Frau Hansen nickte. Sie klemmte ihre Krücke unter den linken Arm und Angelino unter den rechten Arm und stapfte langsam und schnaufend Stufe für Stufe die Treppe hinunter. Benny folgte ihr. Frau Hansen war ziemlich dick und hatte müde, kranke runde Beine. Es dauerte, bis sie die Stufen vom ersten Stockwerk ins Erdgeschoss hinuntergegangen war. Draußen auf der Hedwigstraße nahm Frau Hansen Angelino vom Arm und setzte ihn auf den Bürgersteig und richtete sich mit einem Schnaufen wieder auf. „Angelino und ich gehen jetzt zum Metzger und dann setzen wir uns auf unsere grüne Bank." Der kleine Yorkshireterrier tippelte fröhlich neben seinem Frauchen her, manchmal zerrte er auch an der Leine, wenn er etwas Interessantes entdeckt hatte, dann zog ihn seine Halterin blitzschnell zurück. „Musst aber nicht neben mir alten Frau laufen, Junge, ich bin ja viel zu langsam für so junge Beine, die immer springen wollen." Aber Benny wollte gern neben Frau Hansen und Angelino laufen. Heute konnte er sie allerdings nur bis zur Straßenecke begleiten. Wegen des Briefes, den er in der Jackentasche trug. Sonst lief er oft mit ihnen bis zum Park. Denn dort lag auch Bennys Lieblingsspielplatz. Frau Hansen ging jeden Morgen in den Park den Sonnenaufgang betrachten und nachmittags die Spaziergänger und Spatzen. Meist blieb sie schon am Eingang des Parks stehen und schnaufte durch und schob ihre Füße langsam und bedächtig über den Kiesweg, einen vor den anderen, bis sie bei der ersten Parkbank angelangt war. Dann zog sie ihre silberne Sitzunterlage aus der Einkaufstasche und ließ sich mit einem „Endlich“ auf die grüne Bank plumpsen.

„Bis später!“, rief Benny und bog in die Querstraße ein, in der das Weihnachtspostamt lag. Als er vor dem großen roten Briefkasten stand, zog er den Brief aus seiner Jackentasche, strich ihn noch einmal glatt und überprüfte die Empfängeranschrift. *An den Weihnachtsmann.* Alles klar. Am liebsten hätte er noch einen Kuss auf das Kuvert gehaucht, aber das traute er sich nicht, denn hinter ihm warteten zwei Jungen aus seiner Schule ungeduldig darauf, ihre Post einzuwerfen. Außerdem sollte das Kuvert nicht nass werden. Benny schob den Brief durch den Schlitz und hörte ihn in den Kasten plumpsen. Sein Herz pochte wie wild. Er zwängte sich an den Jungen vorbei und lief die Straße hinunter zum Rotbuchenpark. Hoffentlich hatte er Glück und Frau Hansen und Angelino waren noch da. Am Eingang des Parks reckte er den Hals und atmete erleichtert auf. Frau Hansen saß wie immer auf der ersten Parkbank. Er erkannte sie an ihrem weiten schwarzen Cape und den weißen Turnschuhen. Frau Hansen nahm fast die ganze Bank ein, so breit war sie. Als sie Benny sah, nahm sie den Leinenhaltegriff und machte klick, klick und Angelino, der in die Höhe sprang und die Vorderpfoten aneinander klatschte, wurde an einer immer länger werdenden Leine zu seinem Spielkameraden gelas-

sen. „Hallo, hallo Angelino!“, rief Benny und streichelte ihm das kurze, braune, seidige Fell.
„Na, jetzt müssen wir aber“, sagte Frau Hansen. „Mir wird langsam kalt. Du wirst dir auch einen Schnupfen holen.“
Benny sprang auf. „Darf ich Ihre Tasche tragen?“, fragte er und schaute auf die Einkaufstüte von Frau Hansen. „Die ist nicht schwer, mein Junge, das bisschen Rinderhack für Angelino, das schaff' ich schon“, sagte Frau Hansen. „Musst nicht neben mir alten Frau nach Hause laufen, bin ja viel zu langsam für so junge Beine, die immer springen wollen.“
Benny schaute enttäuscht. „Aber wenn du mir Angelino abnehmen willst …“, sagte Frau Hansen.
Benny nahm die Leine. Seine Wangen färbten sich rot vor Glück und er fühlte sich wie ein richtiger Hundebesitzer. Frau Hansen stopfte die silberne Sitzunterlage in ihre Einkaufstasche und nahm ihre Krücke.
Es war fast dunkel, als sie das Haus in der Hedwigstraße 12 erreicht hatten. Frau Hansen steckte umständlich den Schlüssel ins Schloss, öffnete ihre Wohnungstür und machte Licht. Sie hängte ihr schwarzes Cape an die Flurgarderobe und Benny trug die Einkaufstüte in die Küche. Dort roch es ein wenig nach Kohlroulade. „Ich geh dann mal“, sagte Benny zögernd und schlurfte in den Flur, ohne die Leine loszulassen, die er immer noch in der Hand hatte. Auf der Vitrine stand ein Silberrahmen mit einem Foto von Angelino. Benny betrachtete die Aufnahme. „Angelino ist Italienisch und heißt Engelchen“, erklärte Frau Hansen.

Die Tür zum Wohnzimmer stand einen Spalt offen und statt zur Wohnungstür zu gehen, lugte Benny um die Ecke. In einem Weidenkorb neben dem Sofa beherbergte Frau Hansen Plüschhasen und Plüschkatzen, Plüschigel, Maulwürfe und Schweinchen. Frau Hansen hat ein Herz für Tiere, dachte Benny. Die alte Frau nahm ihm die Leine aus der Hand, löste den Karabinerhaken vom Halsband und Angelino sprang auf sein rotes Plüschkissen, das aussah wie ein großes flauschiges Herz. „Die Briefkästen beim Weihnachtspostamt", sagte Benny, „sind auch so rot." „Ach so?", sagte Frau Hansen und hinkte in die Küche und kam mit einem Kuchenteller zurück. „Streuselkuchen. Magst du doch", sagte sie, „und zieh die Tür fest hinter dir zu, mein Junge."

„Danke!", sagte Benny und nahm den Kuchenteller. „Streuselkuchen, toll!" Morgen würde er den Teller zurückbringen. Er würde an der Tür von Frau Hansen klingeln und kurz darauf würde er Angelino quieken hören und nach einer ganzen Weile würde Frau Hansen ihm öffnen und Angelino würde an ihr vorbei springen und sich auf die Hinterpfoten stellen und mit den Vorderpfoten klatschen. Toll. Benny dachte sich jeden Tag aus, wie er es anstellen konnte, Angelino und Frau Hansen zu begegnen. Diesmal war ihm Frau Hansen zuvorgekommen. Toll.

Als Benny am nächsten Tag bei Frau Hansen klingelte, öffnete sie nicht. Auch am Tag darauf ging sie nicht an die Tür. Frau Hansen geht es nicht gut, sagte Bennys Mutter. „Am besten, ich bringe ihr den Teller.",„Was hat sie denn?", fragte Benny und seine Mutter erklärte ihm, dass Frau Hansen eine alte, kranke Frau war, die jetzt viel Ruhe brauchte. „Und Angelino?" „Um den kümmert sich der Pflegedienst."

Frau Hansen saß nicht mehr auf der Parkbank, wenn Benny auf den Spielplatz lief. Er sah und hörte sie auch nicht mehr im Treppenflur. Ob Frau Hansen immer noch krank sei, fragte Benny seine Mutter. Und seine Mutter legte den Arm um ihn und nickte ernst. „Komm mal her, Benny", sagte sie und zog Benny zu sich auf das Sofa. „Frau Hansen ist in der Wohnung gestürzt", erklärte sie. „Über ihr Hündchen. Und sie hat sich einen schlimmen Beinbruch zugezogen. Jetzt ist sie in der Klinik, aber nach Hause kommt sie wohl nicht mehr. Sie wird wohl ins Heim müssen." Benny schaute seine Mutter traurig an. „Und Angelino?", fragte er erschrocken. Bennys Mutter zögerte. „Der muss dann wohl auch ins … Heim", sagte sie. „Dann können wir die beiden dort besuchen", rief Benny. „Nach Weihnachten", antwortete die Mutter hastig. „Erst mal kommt Omi zu Besuch."

Eine Woche vor Weihnachten reiste Frau Frischmut an. Sie hatte ihre Katze in die Katzenpension gebracht, einen großen Koffer vorausgeschickt und sich morgens in den Zug gesetzt. Nachmittags fuhr sie mit dem Taxi vor. „Juhu!", rief Bennys Omi und winkte mit ihrem Hut, als sie ihren Enkel auf dem Balkon stehen sah. „Drück mal auf den Türöffner, Spatzl!“ Benny lief zur Tür und betätigte den Türöffner. Seine Mutter lehnte am Türrahmen und sah der alten Frau Frischmut entgegen, die die Treppen erklomm. „Super, bei euch liegt ja ordentlich Schnee“, sagte sie.

Frau Frischmut nahm erst ihre Tochter und dann Benny in den Arm und gab beiden einen Kuss auf die Wange. Dann legte sie den Mantel ab, warf den Hut auf die Hutablage, sprang vor den Spiegel und fuhr sich durch ihr kurzes Haar.

Benny betrachtete seine Großmutter verstohlen von der Seite. Sie hatte ebenso weißes Haar wie Frau Hansen, es war nicht ganz so ratzekatzekurz und sie trug eine modernere Brille und sie war schneller auf den Beinen. Aber Benny hatte beide Frauen sehr gern, jede auf ihre Art. Ein Pluspunkt von Frau Hansen war der kleine Angelino. Omi hatte leider nur eine Katze. Wahrscheinlich mochte sie keine Hunde wie Bennys Mutter. So was vererbt sich wahrscheinlich. „Na, Spatzl?“, fragte Bennys Großmutter, als alle um den Kaffeetisch saßen. „Schon aufgeregt? In sieben Tagen ist Heiligabend. Du hast doch sicher einen Brief an den Weihnachtsmann geschrieben?“ „Benny schreibt seit zwei Jahren einen Brief an den Weihnachtsmann“, erklärte Bennys Mutter und strich ihrem Sohn über den Kopf. „Und ich glaube, ich weiß auch schon, was auf dem Wunschzettel steht.“

Benny bekam einen hochroten Kopf. Frau Frischmut schaute ihren Enkel fragend an.

„Einen kleinen … süßen … Hund", sagte Benny und drehte verlegen seinen Lebkuchen hin und her. Seine Mutter rollte mit den Augen.

„Ja, und?", fragte Bennys Großmutter und schaute ihre Tochter an. „Wo soll der tagsüber bleiben?", fragte Bennys Mutter. „Benny ist in der Schule und ich bin im Büro."

„Dürft ihr denn keine Hunde mitbringen? In eure schicke Werbeagentur?"

„Nee." – „Wie spießig", sagte Bennys Großmutter. Dann wandte sie sich wieder an ihren Enkel. „Und der kleine Nachbarhund, mit dem du immer spielst. Wie heißt der noch?" „Angelino", sagte Benny. „Das ist Italienisch und heißt Engelchen", erklärte er. „Ach, süß!", sagte Frau Frischmut. „Mit dem kannst du doch spielen, Spatzl." „Nein", antwortete Benny traurig. „Angelino ist im Heim mit Frau Hansen, die ist jetzt auch im Heim." Frau Frischmut guckte ihre Tochter groß an. „Das scheint ja ein fortschrittliches … Heim zu sein", sagte sie und Bennys Mutter stocherte in ihrem Kuchen.

Am 24. Dezember gingen Frau Frischmut, ihre Tochter und Benny vormittags auf den Wochenmarkt, um am Verkaufsstand der Revierförsterei ihren Weihnachtsbaum abzuholen. Die drei hatten vor Tagen eine mittelgroße Tanne ausgesucht und trugen sie nun die lange verschneite Hedwigstraße hinunter bis zu ihrer Wohnung. Benny lief voran, um die Haustür zu öffnen. Als er vor der Eingangstür stand, fiel ihm ein, dass er seinen Schlüssel vergessen hatte. Die

Tür war angelehnt, ein Glück! Benny wartete im Hausflur. Sein Blick fiel auf die Klingelknöpfe. Das Türschild von Frau Hansen war abmontiert worden. Schrecklich so ein Klingelknopf ohne einen Namen, besonders, wenn vorher Hansen auf dem Schild gestanden hatte. „Wieso bist du nicht in der Wohnung?", fragte Bennys Mutter etwas aus der Puste. „Ich hab meinen Schlüssel vergessen", sagte Benny. „Und wieso ist die Haustür offen?" „Die schließt mal wieder nicht richtig." Bennys Mutter seufzte und schob den Tannenbaum mit der Spitze voran in den Hausflur. Frau Frischmut zwinkerte Benny zu. Heute ist Heiligabend, flüsterte sie. Heiligabend. Heute ist der Tag der Entscheidung, dachte Benny. Ob der Weihnachtsmann seinen Brief bekommen hatte und ob er ihn hat lesen können oder ob die Schneeflocken die Schrift auf dem Postweg verwischt hatten? Das konnte eigentlich nicht sein, denn er hatte ja extra mit Kuli geschrieben. Den lieben langen Tag über war Benny nervös. Auch beim Schmücken des Weihnachtsbaumes war er nicht ganz bei der Sache. Ein paar Mal fielen ihm die Weihnachtsbaumkugeln aus der Hand. „Spatzl, wo bist du mit deinen Gedanken?", fragte Frau Frischmut. Benny war mit seinen Gedanken bei Frau Hansen und Angelino und bei seinem Weihnachtswunsch. Irgendwie hatte er plötzlich ein ungutes Gefühl, aber wer weiß, vielleicht würde ja doch noch ein Wunder geschehen. Nachmittags zogen sich alle festlich an. Dann gab es Tee und Kuchen. „Geht ihr zwei mal spazieren und ohne mich in die Kirche, ich bereite die Gans zu", sagte

Bennys Mutter nach der Teestunde. Benny hätte viel lieber Kartoffelsalat mit Frikadellen gegessen, aber den sollte es erst morgen geben. „Spaziergang. Kirche. Alles klar", antwortete Frau Frischmut und Benny und seine Großmutter stapften die verschneite Hedwigstraße hinunter zum Park. Direkt neben dem Park lag die Magdalenenkirche. Benny hatte ein bisschen Mühe, mit dem Tempo seiner Großmutter mitzuhalten. Frau Frischmut hatte einen flotten Schritt am Leib. Obwohl es glatt war und obwohl ihnen der Schnee ins Gesicht wehte. Seit dem Morgen schneite es. Als sie am Eingang des Parks waren, reckte Benny den Hals. Auf der ersten Bank saß niemand. Auf der zweiten Parkbank saß niemand. Auf der dritten Parkbank saß ein Schneemann. Die anderen Parkbänke trugen eine Schneehaube, alles war tief verschneit und weiß. Benny dachte an das weiße Schild am Klingelknopf. Frau Hansen ist einfach abmontiert worden – ins Heim mit Angelino, dachte er. Benny und seine Großmutter liefen eine kleine Runde durch den Park. Ein Schwanenpaar rutschte über den vereisten See. „Jetzt müssen wir aber, es wird dunkel und hier stehen keine Laternen, womöglich verlaufen wir uns noch", sagte Frau Frischmut. „Ein Hund ist nicht nur zum Spielen gut, Omi", sagte Benny, „der findet auch nach Hause und weist einem den Weg."
Die Kirche war brechend voll und Benny und seine Großmutter bekamen nur noch einen Platz in der hintersten Reihe. Die Kinder aus der Gemeinde führten das Krippenspiel auf: „Stern von Bethlehem". Benny wünschte sich einen

Stern, der ihm den Weg zu Angelino wies. Ihm fiel ein, dass er gar nicht wusste, wo das Heim war, in dem die beiden wohnten. Ob Jesus einen Hund gehabt hatte, als er ein kleiner Junge war? Zum Spielen? Zum Wegweisen brauchte er sicher keinen, er wusste ja immer den Weg. Ob Angelino ihn vermisste? Ob Angelino ihn gar vergessen hatte? Die Orgel dröhnte, die Menschen sangen „Stille Nacht, heilige Nacht", die Frau in der Reihe vor ihnen schnäuzte sich geräuschvoll. Benny dachte, dass er seine Mutter nach der Adresse fragen wollte, am liebsten würde er Frau Hansen und Angelino mit einem Besuch überraschen. Dann war der Gottesdienst zu Ende und Benny und seine Großmutter erhoben sich. Sie mussten noch warten, bis sie sich in den Gang einreihen konnten. Ein paar Kinder sprangen fröhlich vor ihnen her. Die Erwachsenen grüßten einander und sagten sich freundliche Dinge und lächelten sich an und am Eingangsportal der Kirche stand die junge, etwas beleibte Pfarrerin. Sie lächelte und gab jedem die Hand und wünschte Frohe Weihnachten. Die Pfarrerin trug ein weites schwarzes Cape wie Frau Hansen. „Frohe Weihnachten", sagte die Pfarrerin. „Danke gleichfalls", sagte Benny und schaute auf die Füße der Pfarrerin, aber sie trug keine Turnschuhe.

Der Kirchenvorplatz war voll von Menschen, die aus dem Gottesdienst strömten. Manche stiegen in ihre Autos, andere gingen zu Fuß. Benny drehte sich nach dem Park um. Alles schwarz. Der Park lag in völliger Dunkelheit. Benny und seine Großmutter stapften durch die Hedwigstraße.

Fast alle Häuserfenster waren festlich beleuchtet. „Hast du deinen Schlüssel dabei?“, fragte Frau Frischmut, als sie vor dem Hauseingang von Nr. 12 standen und Benny fuhr erschrocken in seine Manteltasche. Er nickte erleichtert. Gerade wollte er die Tür aufschließen, als seine Großmutter sie mit dem Fuß aufstieß. „Angelehnt. Wie praktisch“, sagte Frau Frischmut. „Da muss der Weihnachtsmann nicht durch den Kamin.“

In der Wohnung war es mollig warm, es roch es nach Apfelrotkohl und Gänsebraten. Benny wusch sich die Hände. Der Esszimmertisch war festlich gedeckt und die Kerzen am Weihnachtsbaum brannten. Benny schaute hinaus auf den Balkon. Auf den Blumenkästen lag Schnee wie auf den Parkbänken, die Schneekristalle glitzerten im Schein der Lichterketten. Von der Überdachung des Balkons baumelte ein großer, beleuchteter elektrischer Stern. „Zu Tisch!“, rief Bennys Mutter. Der Gänsebraten duftete und glänzte goldbraun und die Soße blubberte und knisterte und der Apfelrotkohl dampfte, aber Benny war ganz schlecht vor Aufregung und sicher würden sich die Erwachsenen wieder viel zu viel Zeit für das Essen nehmen.

Dann wurde gegessen und Benny aß mit vorsichtigem Appetit und als seine Mutter ihn fragte, ob sie ihm noch etwas von dem Gänsebraten auf den Teller legen sollte, hörte er sie nicht. „Wo bist du denn mit deinen Gedanken, Spatzl?“, fragte Frau Frischmut und seine Mutter guckte ihn von der Seite an. Benny schaute immer wieder auf den Schlitten, der unter dem Weihnachtsbaum stand. Der Schlitten war beladen mit hübsch eingewickelten Geschenken. In welchem der Pakete konnte der kleine süße Hund sitzen, welches Paket hatte Luftlöcher und wieso bellte er nicht?, fragte sich Benny. Vielleicht war das Hündchen zu aufgeregt – wie Benny. Oder zu müde. Benny betrachtete die Pakete und sein Herz pochte wie wild. Da war kein Hundekarton darunter. Jetzt konnte nur noch ein Wunder geschehen. „Jetzt wollen wir doch mal sehen, ob uns der Weihnachtsmann etwas gebracht hat", sagte Bennys Mutter geheimnisvoll, als das Essen nach einer Ewigkeit beendet und die Küche endlich, endlich aufgeräumt war. Und alle traten vor den Schlitten und Bennys Großmutter und Mutter lasen abwechselnd die Namen auf den Geschenkanhängern vor und verteilten die Geschenke.

Das schmale längliche Paket, das so viel wog, war für Benny. Benny riss die Verpackung auf: ein Paar Skier. „Uih, toll", sagte Benny enttäuscht und sein Herz pochte. Das kleine schmale Paket war auch für Benny. Eine neue Skibrille. „Super!", sagte Benny leise und sein Herz pochte immer wilder. „Für dich", sagte Frau Frischmut und legte ihrer Tochter ein Geschenk hin. „Und das ist für dich!", sagte Bennys Mutter und gab der Omi ein Geschenk. Bennys Mutter reichte Benny ein Paket, das sich ganz weich anfühlte. Benny wickelte das Papier aus. Ein Winterpulli. „Uih, toll. Super", flüsterte Benny und war dem Weinen nahe und sein Herz war fast am Zerspringen. Jetzt waren alle Geschenke verteilt, bis auf das eine. Das mittelgroße Paket, in das ein kleiner Hund gut passen würde. Für wen war das denn? „Das ist …“ sagte Bennys Mutter. „Für Benny.“

Und Benny sprang auf und riss das Papier von dem Karton. Er riss den Karton auf und stockte und wurde weiß wie das Schild ohne Frau Hansen drauf … und konnte es nicht glauben und war bitter getroffen und bitter enttäuscht von dem Weihnachtsmann, von seiner Mutter, von der Omi, von Frau Hansen und Angelino, von der Pfarrerin ohne Turnschuhe und von allen, allen, allen, denn in dem Karton saß ein kleiner blöder Stoffhund. Und das war der Tag der Enttäuschung. Und Benny konnte sie nicht verbergen und weinte bitterlich und war untröstlich.

„Das war wohl keine so gute Idee“, sagte Frau Frischmut und guckte schuldbewusst. „Du hast es gut gemeint“, antwortete Bennys Mutter und stand auf, um ihren Sohn zu trösten. Eine traurige Stimmung lag über der Weihnachtsstube und breitete sich über die ganze Wohnung aus wie eine Nebelbank und schwappte über den Flur bis ins Treppenhaus. Und nanu, auch im Treppenhaus war auf einmal ein furchtbares Weinen zu hören. „Wer ist denn das?“ Frau Frischmut schaute ihre Tochter stirnrunzelnd an und ging kopfschüttelnd zur Wohnungstür und als sie diese öffnete, stürzte jemand an ihr vorbei in die Wohnung, jemand, der mindestens einen so großen Kummer hatte wie noch jemand.

„Angelino!“ Benny fiel vor dem kleinen Hündchen auf die Knie und Angelino sprang an Benny hoch und weinte und fiepte und bellte wie wild. „Angelino!“, rief Benny. „Wo kommst du denn her, mein Junge?“ „Vom Himmel hoch“, summte Frau Frischmut und schloss die Tür hinter dem Hündchen und nahm ihre Tochter zur Seite. Mutter und Tochter tuschelten ein paar Minuten miteinander, während Bennys und Angelinos Wiedersehensfreude kein Ende zu nehmen schien. Schließlich holte Bennys Mutter ein Handtuch aus dem Bad und frottierte Angelino ab. „Du bist ja ganz nass, Kleiner“, sagte sie. „Bist du etwa den ganzen Weg allein nach Haus durch den Schnee?“ Und dann zog Bennys Mutter ihren kleinen Sohn zu sich aufs Sofa und fragte ihn, ob er Angelino behalten wolle, jetzt wo er ihnen ins Haus geflattert sei wie ein Weihnachtsengelchen. „Und Frau Hansen?“, fragte Benny aufgeregt und unter Tränen. „Frau Hansen wird sich freuen, wenn wir sie ab und zu mit Angelino besuchen kommen.“ Bennys Mutter erklärte ihrem Sohn, dass Angelino nicht im selben Heim war wie Frau Hansen, sondern im Tierheim und dass er wohl vor Heimweh nach Hause gelaufen sei. Ausgerechnet heute an Heiligabend. So wurde der 24. Dezember nicht nur ein Tag der Entscheidung, sondern auch ein Tag der Wahrheit und der schönste Tag in Bennys Leben.

„Bestimmt hat er Hunger“, sagte Benny und nahm Angelino in den Arm und drückte ihn ganz fest. „Wir könnten ihm vom Rinderhack geben“, sagte Bennys Mutter.

„Und morgen besuchen wir Frau Hansen“, rief Benny. „Mit Angelino!“

„Und schenken ihr das Plüschhündchen“, lachte Frau Frischmut. „Mal sehen“, sagte Bennys Mutter und guckte streng. „Oder auch nicht“, murmelte Frau Frischmut betreten. Und Angelino stellte sich auf die Hinterpfoten und klatschte mit den Vorderpfoten. Und alle lachten glücklich und befreit.

Die Christbaumkugel

Leise fielen die ersten Schneeflocken auf die Dächer der kleinen runden Stadt. Auf einem dunklen Speicher erwachte die große rote Christbaumkugel aus ihrem Frühlings-, Sommer- und Herbstschlaf. „Es schneit, oh", sagte sie und ihre Stimme zitterte ein wenig, denn sie war eine alte Christbaumkugel. „Schneezeit. Lichterzeit, feierliche Erwartung. Hoffnungszeit und Hoffnungsglanz. Weihnachten." Die Christbaumkugel atmete tief durch und ihre Wangen leuchteten, allerdings für niemanden sichtbar; noch steckte sie in ihrer Christbaumkugel-Verpackung, einem kleinen, ehemals weißen und jetzt ziemlich angegilbten Karton mit Klarsichtfenster. Sie war erwacht und fühlte sich auf eine feierliche Weise jung und unternehmungslustig. Weihnachten war auch immer noch ihre Zeit. „Es schneit", zirpte sie noch einmal und während sie die Augen schloss, horchte sie auf das Geräusch des fallenden Schnees. „Mittelgroße Flocken fallen auf die Straße, oh, aber …, sie bleiben nicht liegen, noch hat es nicht gefroren. Schade. Eigentlich." Die große rote Christbaumkugel aus Glas verfügte über ein ausgesprochen feines Gehör. Überhaupt war sie sehr sensibel und zart. Zu sensibel und zart, wie sie selber fand. Wie gern wäre sie etwas unempfindlicher gewesen. Seit ihrer Jugend hatte sie gehofft, dass sie mit zunehmendem Alter etwas robuster werden würde, aber im Gegenteil: Sie war mit den Jahren nur feinfühliger und dünnhäutiger geworden.

Und so war Weihnachten nicht nur Anlass zur Freude, sondern auch immer Anlass zur Sorge für die alte Christbaumkugel. Jahr für Jahr plagte sie die eine Frage: Würde sie das Fest unbeschadet überstehen? Die Menschen sind ruppiger geworden im Umgang miteinander und mit uns Christbaumkugeln, dachte sie. Wer wird mich diesmal aus der Verpackung heben, von wem werde ich diesmal an den Zweig der Tanne gehängt? Hoffentlich nicht von Benno, dem Enkel von Frau Reisigbesen, der schon im letzten Jahr so ungeschickt gewesen war, die apfelgrüne Glaskugel in matt auf den Boden fallen zu lassen. Und zu allem Ungeschick war er auch noch auf sie getreten. „Knirsch" hatte es gemacht. Die große rote Christbaumkugel verzog das Gesicht, sie hatte das Geräusch noch immer in den empfindlichen Ohren. Kniiiiirsch! Die apfelgrüne Glaskugel in matt war unter den ziemlich großen Füßen des Elfjährigen zersplittert und ohne großes Aufsehen von Frau Reisigbesen mit der Kehrschaufel aufgenommen und über eine Lage flauschiger Watte verstreut worden, welche die alte Dame im Winter gern zwischen die Doppelfenster legte, um sie mit den zu Bruch gegangenen Glaskugeln zu verzieren. „Wunderschön! Als wäre ein Schnee gefallen in allen Farben!", wurde Frau Reisigbesen nicht müde zu schwärmen, wenn sie vor dem Doppelfenster stand und auf die glitzernde Watte schaute. Für die große rote Christbaumkugel war das Ende auf der Lagenwatte kein schillerndes. Sie fürchtete es. „Über die Watte verstreut im Nirgendland zwischen zwei

Fensterscheiben …", seufzte sie und es lief ihr ein Schauer über das rote, faltenlose Gesicht.
Es war am Morgen des 24. Dezembers, als die große rote Christbaumkugel vom Geräusch der fallenden Schneeflocken geweckt worden war. Natürlich hatte sie keine Ahnung, welcher Tag heute war. Andere Kalender als den Schokoladen-Weihnachtskalender bekam sie nicht zu sehen und letzteren erst an Heiligabend. Dennoch ahnte sie, dass sie noch heute vom Dachboden in die warme Stube von Frau Reisigbesen geholt werden würde. So sehr sie sich bemühte, sie fand keinen Schlaf mehr. Wann würde sie die schlappenden Schritte von Frau Reisigbesen hören, wie sie in ihren grauen Filzpantoffeln Stufe für Stufe die steile Dachbodentreppe erklomm? Die große rote Christbaumkugel lag und lauschte. Nach und nach erwachte der ganze versammelte Weihnachtsschmuck, sämtliche Christbaumkugeln, Glasvögel, Strohsterne, Weihnachtsglocken und Lichterketten gähnten und reckten und streckten sich und wünschten einander einen schönen guten Morgen. Die große rote Christbaumkugel vermochte in dem aufgeregten Stimmengewirr das Fallen der Schneeflocken nicht mehr zu hören. Oh, aber sie hörte ihr Herz pochen, während draußen in der kleinen runden Stadt der Schnee auf Straßen und Wege fiel und zur Freude der Kinder dort liegen blieb. Es hatte mächtig angezogen, das Thermometer war deutlich unter Null gefallen. Frau Reisigbesen stand in ihrer Küche und brühte den Tee auf, für sich und ihre Tochter Birte, für Schwiegersohn

Heiner und Enkel Benno. Während die große rote Christbaumkugel auf ihr pochendes Herz hörte, öffneten unten am Rinderplatz die Marktleute ihre Verkaufsstände und die Weihnachtsbaumverkäufer schüttelten und rüttelten die Äste der Tannen, Edeltannen und Blaufichten, um sie von ihrer Schneelast zu befreien. Unter ihnen war auch der Baum, dem die große rote Christbaumkugel zur Zierde gereichen sollte. Eine Nordmanntanne übrigens.
Eben schlug die Rathausuhr zur dritten Nachmittagsstunde. Zu dieser Zeit hatte es sich auf dem Dachboden herumgesprochen: Heiligabend war heute. Der gesammelte Christbaumschmuck wunderte sich. Drei Uhr nachmittags, da war Frau Reisigbesen aber sehr spät dran! Normalerweise begann sie mit dem Schmücken des Christbaumes um Punkt zwölf und ließ sich genügend Zeit dafür. Das Aufhängen des Weihnachtsschmucks war ein feierliches Ritual. „Man wird uns doch nicht nicht hängen lassen?“, witzelte der Deko-Eiszapfen und grinste die Weihnachtsbaumspitze an, die mit ihm ihrer ähnlichen Körperform wegen einen länglichen Karton teilen musste. Die Weihnachtsbaumspitze guckte spitz und dem Deko-Eiszapfen gefror das Grinsen. Der roten Christbaumkugel kam ein entsetzlicher Gedanke. „Womöglich bescheidet sich Frau Reisigbesen in diesem Jahr mit einem komplett geschmückten Plastiktannenbaum, den sie aufspannt wie einen Regenschirm.“ Der ganze Christbaumschmuck machte sich seine Gedanken. Je später es wurde, desto stiller wurde es auf dem Dachboden.

Die Rathausuhr schlug viertel nach drei. Bald ist Heiligabend vorbei, dachte die große rote Christbaumkugel und hörte ihr Herz stolpern, den Schnee fallen und die Flöhe husten. Dann hielt sie den Atem an: Jemand kam die Dachbodentreppe hinaufgejagt …

Es hatte ein kleines Malheur gegeben im Hause Reisigbesen. Tochter Birthe und Schwiegersohn Heiner traf die Schuld. Sie hatten eine schöne hohe Nordmanntanne am Rinderplatz gekauft, aber leider versäumt, den Stamm passgenau für den Christbaumständer zuschneiden zu lassen. Dummerweise hatte der Verkäufer, der vom Zuschnitt einer weihnachtsmüden Aushilfskraft war, den Gratisservice gar nicht erst angeboten. Festgestellt wurde das Malheur erst zu Hause und als es zu spät war. Der Weihnachtsbaumverkäufer hatte früher als sonst Feierabend gemacht und auch der kleine Metallwarenladen an der Ecke hatte seine Läden geschlossen, sodass sich Heiner und Birthe in Ermangelung eines anderen Werkzeuges des Brotmessers von Frau Reisigbesen bedienen mussten, um den Stamm passend zu machen. Das dauerte. Stunden. Und nun, Stunden später, nachdem der Christbaum endlich fest im Ständer verankert war, musste es schnell gehen mit dem Schmücken der Tanne, denn man war in Verzug geraten.
Also stürmte Tochter Birthe auf den Dachboden. Kurz darauf wurde der Weihnachtskarton auf den Esszimmertisch gestellt und hastig geleert. Husch, husch. Kaum hatte der

gesamte Weihnachtsschmuck in Windeseile das Oberlicht der Esszimmerwelt erblickt, machte er sich keine Illusionen mehr. Sämtlichen Christbaumkugeln, Glasvögeln, Strohsternen, Weihnachtsglocken und Lichterketten war klar: Diesmal war keine Zeit für schöne ausgedehnte Rituale. Weder hatte Frau Reisigbesen ihre Lieblinge einzeln aus der Umverpackung gezogen, abgestaubt und unter die Esszimmertischlampe gehalten wie sonst, noch hatte sie ein paar freundliche Begrüßungsworte zu jedem gesagt. Die rote große Christbaumkugel schaute sich um und traute ihren Augen nicht. Der Parkettboden war übersät mit harzigen Holzspänen, auf dem schmutzigen Teppich lag ein Brotmesser, die Kerzen auf dem Adventskranz waren heruntergebrannt und zwischen dem Christbaumschmuck türmte sich schmutziges Kaffeegeschirr. Frau Reisigbesen, sonst die Ordnung und die Ruhe selbst, wirkte äußerst nervös, wie sie so da stand, ein wenig schief und vorgebeugt auf der obersten Stufe ihrer Haushaltsleiter. Die alte kleine Dame hatte fieberrote Wangen, während Heiner, Birthe und Benno eine Familienmenschenkette vom Esszimmertisch zum Christbaum bildeten. „Das überlebe ich nicht", dachte die große rote Christbaumkugel, als sie auf die vielen Hände schaute. So weitergereicht zu werden von einem zu anderen, husch, husch. Die Rathausuhr schlug viertel vor vier. Die Sonne war untergegangen, in den Häusern gingen die Lichter an, die Fenster leuchteten golden in die nachtschwarze Stille. Und die große rote Christbaumkugel hörte den Schnee fallen und ihr Herz pochen. „Das überleb ich nicht“, sagte sie, als Birthes Hand nach ihr griff. „Vorsicht, zerbrechlich“, wollte sie noch sagen, aber ihr kam kein Wort über die Lippen. Sie schloss die Augen und fühlte, wie sie von Birthes cremezarter Hand zu Bennos weicher Kinderhand zu Heiners etwas rauen Hand weitergereicht wurde, bis sie schließlich in der alten, warmen, etwas schweißnassen Hand von Frau Reisigbesen landete.

„Ach, du meine schöne rote große Christbaumkugel“, sagte Frau Reisigbesen. „Wo hänge ich dich denn hin?“ „An den stärksten Zweig“, wollte die große rote Christbaumkugel sagen, „und bitte nicht in die Nähe der Wachskerzen.“ Aber dann merkte sie, dass die Hand von Frau Reisigbesen gefährlich zitterte, und ihr wurde schlecht.

O weia, das geht nicht gut, dachte sie. Ich wusste es ja. Das geht schief. Obacht. Vorsicht, zerbrechlich! Die große rote Christbaumkugel zappelte hin und her, sie war nicht mehr zu beruhigen, sie strampelte und rutschte Frau Reisigbesen von der Hand. Fast hätte die alte Dame vor Schreck das Gleichgewicht verloren. „Ich falle zu Boden“, schrie die große rote Christbaumkugel, „zersplittere ins Nirgendland!“ Tatsächlich fiel sie. Zunächst strauchelte sie über einen Tannenzweig, dann fiel sie in die Tiefe – direkt auf den harten Parkettboden, neben den Teppich, in dem winzige harzige Holzspäne staken.

„Meine schöne große rote Christbaumkugel!“ Frau Reisigbesen sah ihr mit Entsetzen nach. Birthe, Heiner und

Benno standen zunächst wie erstarrt, dann guckten sie sich verwundert an. Die große rote Christbaumkugel kullerte über den Fußboden, schwankte ein wenig von rechts nach links, drehte sich einmal um sich selbst und landete schließlich am Wadenbein des Esszimmertisches. Sie beschaute sich von oben bis unten. „Ich bin noch ganz", murmelte sie verwundert und sah Benno unter den Tisch krabbeln. Der Elfjährige hob die Christbaumkugel auf. Er hielt sie behutsam in seiner Kinderhand und reichte sie ebenso vorsichtig seiner Großmutter, die ihr zärtlich über das Glas streichelte und sie vorsichtig an einen Zweig hängte.
„Ich bin gefallen, aber nicht zerbrochen. Ich bin viel robuster, als ich dachte. Über den Boden bin ich gekullert und an den Esszimmertisch gestoßen und nicht zersplittert. Niemand ist auf mich getreten, sie haben mich achtsam aufgehoben und an meinen Platz gehängt. Sie sind erschrocken, ich bin ihnen etwas wert", sagte die Christbaumkugel. „Ich bin gefallen, aber nicht zerbrochen. Es hätte schlimmer kommen können, aber es kam nicht schlimmer. Wie viel unnötige Sorgen habe ich mir gemacht. All die Jahre. Schneezeit. Lichterzeit, feierliche Erwartung. Hoffnungszeit und Hoffnungsglanz. Weihnachten." Es schneite.

Das gestohlene Geschenk

Alles war gut. Alles war in bester Ordnung. Die Puppen und Teddys waren genäht, die Spielzeuge waren bunt lackiert und die Bilderbücher waren mit den schönsten Bildern versehen. Das Bemängelchen, das sonst immer etwas auszusetzen hatte, nickte zufrieden. Diesmal gab es nichts zu beanstanden. Gleich würde der Weihnachtsmann seinen abschließenden Kontrollgang durch die Werkzeughalle machen. Aber … wo blieb er nur? Es war bereits Viertel nach um. Das Bemängelchen runzelte die Stirn und rief nach dem Drängelchen. Rasch, der Kontrollgang!

Das Drängelchen huschte ins Haus. Vor der Stube des Weihnachtsmanns blieb es stehen und lauschte. Komisch, da drinnen war alles mucksmäuschenstill. Sonst war um diese Zeit doch immer das Schnarchen des Weihnachtsmanns zu hören. Das Drängelchen ging in die Hocke und lugte durch das Schlüsselloch. Wieso saß der Weihnachtsmann nicht wie üblich in seinem Sessel und döste? Wieso hockte er an seinem Schreibtisch, den Kopf in den Händen vergraben? Das Drängelchen klopfte höflich an und trat ein. Der Weihnachtsmann schaute erschrocken, als wäre er bei einem traurigen Gedanken ertappt worden. „Der Kontrollgang …", zirpte das Drängelchen und schob den Weihnachtsmann zur Tür hinaus. Es hatte gerade Viertel nach um geschlagen.

In der Engelwerkstatt wartete das Bemängelchen mit einer endlos langen Liste in der Hand. Jedes Kind, das dem

Weihnachtsmann geschrieben hatte, war auf dieser Liste mit Namen und Geschenkwunsch verzeichnet. Auf einem kilometerlangen Laufband saßen Teddys und Puppen neben lackierten Spielzeugautos und Computerspielen und hübschen Bilderbüchern. Das Drängelchen schaute zum Weihnachtsmann; als dieser nickte, betätigte es einen roten Knopf an der Wand und das Laufband setzte sich langsam in Bewegung. Der Weihnachtsmann nahm jedes einzelne Geschenk in die Hand; er betrachtete es eingehend von allen Seiten und setzte es achtsam zurück auf das Laufband, das die Spielzeuge direkt in den Verpackungssaal beförderte. Er lobte die Werkstattengelchen, die so gute Arbeit geleistet hatten und jetzt im Speisesaal saßen und ihr wohlverdientes Feierabendbrot verputzten.

Unzählige Spielzeuge fuhren auf dem Gabenförderband durch die Werkstatthalle. „Aha, die rothaarige Puppe für den kleinen Jan“, sagte der Weihnachtsmann. Er kannte nämlich die Namen und Wünsche aller Kinder auswendig. „Und hier haben wir ja das gelbe Flitzeauto für die kleine Cora“, sagte er, während das Bemängelchen ganz vertieft in die lange Liste war und Namen für Namen und Geschenkwunsch für Geschenkwunsch abhakte. Das Laufband surrte und quietschte, als ein besonders netter, dicker Plüschteddy um die Ecke gebogen kam und auf den Weihnachtsmann zuwackelte. Der Weihnachtsmann strahlte über das ganze Gesicht, als er den Teddy sah, er hob ihn vom Laufband und schloss ihn inniglich in die Arme und schien ihn nie wieder hergeben zu wollen. Das Drängelchen hielt verdutzt das Laufband an. Der Weihnachtsmann warf den Teddy in die Luft, er klatschte in die Hände, er fing den Teddy wieder auf und schloss ihn wieder selig in die Arme. Das Drängelchen und das Bemängelchen schauten sich fragend an. „Ähäm“, räusperte sich das Bemängelchen. „Der süße Knopfaugenteddy für die liebe kleine E…M…M…A“, sagte es laut. Der Weihnachtsmann stockte, dann setzte er den Teddy schnell wieder das Laufband, er hustete nervös, er tupfte sich ein paar Tränen aus den Augenwinkeln. Er wird sich doch nicht erkältet haben oder allergisch gegen Teddywolle sein, dachte das Bemängelchen und schaute kurz zum Weihnachtsmann hinüber. „Und hier noch das hübsche Bulderbich, auch für die liebe kleine Emma“, sagte der Weihnachtsmann heiser. Danach brachte er keinen Ton mehr heraus. Tränen schossen ihm in die Augen. Das Drängelchen schaute auf die Uhr. Das Bemängelchen schaute in die Liste. Der Weihnachtsmann wandte sich rasch ab, als schämte er sich seiner Tränen. Dann räusperte er sich. „Weiter geht's!“, sagte er und gab dem Bemängelchen ein Zeichen. Das Laufband wurde wieder in Bewegung gesetzt. „Und hier der Fußball für den kleinen Fl-fl-ori“, stotterte er. Das Bemängelchen warf einen Seitenblick auf den Weihnachtsmann. Oje, seine Wangen leuchteten, als hätte er Fieber. Das kam sicher vom vielen Kinderpunsch. Und ganz schön dick geworden ist er auch, der Chef, dachte es. Sein Bauch ist so rund, als hätte er gerade den Fußball vom kleinen Flori verschluckt. Hat wahrscheinlich wieder zu viel von den Marzipankartoffeln genascht, der Gute. Die Uhr schlug Punktum. Das Drängelchen drängelte zur Eile. Die Geschenke müssen noch hübsch verpackt werden. Und die Namensliste ist noch nicht einmal zur Hälfte abgearbeitet. Und bis morgen früh soll der Schlitten bepackt werden. Der Weihnachtsmann hüstelte, das Bemängelchen nahm die Namensliste wieder zur Hand.

Am nächsten Morgen waren alle Geschenke verladen und der Rentierschlitten stand abfahrtbereit vor der Haustür des Weihnachtsmanns. Es war ein herrlicher Wintertag, leise Schneeflocken trudelten auf die Erde und die Sonne warf ein paar goldene Lamettastrahlen durch die weißen Schneewolken. Frohe Weihnachten, ja, frohe Weihnachten, rief sie. Der Weihnachtsmann trat aus dem Haus und bestieg das Rentier-Gefährt, er ließ sich auf den Fahrersitz plumpsen, nahm die langen Zügel in die Hände und schaute sich um. Die Weihnachtsengelchen standen im Halbkreis um den Rentier-Start- und Landeplatz und hüpften und zwitscherten vor Freude. Alles war gut. Alles war in Ordnung. Die Puppen und Teddys waren genäht, die Spielzeuge waren bunt lackiert und die Bilderbücher waren mit den schönsten Bildern versehen. Jedes Kind würde sein Wunschgeschenk bekommen, alles war hübsch verpackt. Der Weihnachtsmann nickte den Engeln lächelnd zu. Dann schnalzte er kurz mit der Zunge und die Rentiere flogen mit einem Rauschen in weitem Bogen durch den Himmel.

Wie elegant das Gefährt aussah. Schon war es nicht mehr zu sehen.
Die Engelchen flatterten zurück ins Haus. Gestern hatten sie ihre Handwerkerschürzen an den Nagel gehängt. Jetzt sprangen sie in die Engelsküche, um sich die Küchenschürzen umzubinden. Heute Abend sollte die große Weihnachtsfeier im Himmel stattfinden. Da gab es noch einiges zu kochen und zu backen.
Es schneite noch immer. Die Sonne hatte sich ins Haus begeben und auf die Sonnenbank gelegt. Das tat ihr gut, gerade in den langen Wintermonaten, in denen sie immer etwas schwächelte. Der Mond schaukelte in seinem Lehnstuhl, er hatte es sich auf der Terrasse bequem gemacht und schrieb an einem neuen Mondkalender. Als er aufschaute, sah er, wie die Nacht ein hauchzartes, dunkelblaues Seidentuch über dem Himmel ausspannte, auf das sie abertausende goldene Weihnachtssterne malte. Unten in der Stadt versammelten sich die Menschen in ihren Stuben und aßen Festtagsbraten oder sie sangen Weihnachtslieder unter dem Tannenbaum. Einige saßen in der Kirche und lauschten der Weihnachtsbotschaft. Mit all dem hatte der Weihnachtsmann nicht viel zu tun. Sein Job war es, den Kindern Geschenke zu bringen. Und das hatte er erledigt. Jetzt war er müde. Er lenkte den Rentierschlitten auf den Landeplatz. Von dort winkte ihm das Bemängelchen mit einer Laterne. Eigentlich hatte es ihn gleich fragen wollen, ob alles glatt verlaufen war. Aber er sah so nachdenklich und müde und abgemagert aus, wie er

da aus dem Rentierschlitten stieg. Gerade so, als hätte er in den letzten Stunden drei Pfund abgenommen, sein Weihnachtsmannbauch war nicht mehr ganz so fußballrund wie gestern noch in der Engelchenwerkstatt. Der Weihnachtsmann tätschelte dem Bemängelchen den Kopf. „Nun denn, dann wollen wir mal in den Festsaal gehen, was?", sagte er. Das Bemängelchen betrachtete ihn verstohlen. Knochenjob, dachte es und flatterte hinter ihm her ins warm erleuchtete Weihnachtshaus. Die Tür des Festsaals stand einen Spalt offen und es roch nach Tannennadeln und Kerzenwachs, nach Kartoffelsalat und Würstchen und Kinderpunsch und Marzipankartoffeln – und frischem Heu und Stroh für die Rentiere. Drinnen summten und zirpten die Engelchen.

Das Bemängelchen setzte sich auf einen freien Platz. „Na, wird schon alles glatt verlaufen sein", murmelte es. „Wenn nicht, werde ich es ohnehin in ein, zwei Tagen als Erste erfahren, wozu leite ich die Beschwerdestelle in diesem Haus?" Es seufzte und stopfte sich eine Marzipankartoffel in den Mund. Dann brandete ein Applaus auf. Der Weihnachtsmann hatte eine kurze Ansprache gehalten, jetzt konnte die Feier beginnen.

Am nächsten Morgen wollten alle ein bisschen länger schlafen. Die Menschen auf der Erde genauso wie die Engelchen im Himmel. Lass sie, dachte die Sonne. Sie hatte gerade ein Sonnenbad genommen und fühlte sich frisch und erholt. Lass sie. Ich werde sie nicht wecken. Aber in zwei Stunden hatte sie eine Verabredung zum Mittagessen mit dem Tag.

Spätestens da mussten alle raus aus den Federn. Tatsächlich schlummerten die Engelchen noch tief und fest. Das Drängelchen hatte keine Eile aufzustehen, das Bemängelchen hatte nichts gegen ein paar Stunden Schlaf mehr. Die Rentiere dösten im Stall und der Weihnachtsmann … hatte kein Auge zugetan. Erst hatte er sich im Bett hin und her gewälzt, dann war er aufgestanden und in seiner Wohnstube auf und ab gelaufen, dann hatte er es drinnen nicht mehr ausgehalten und war um das Haus gelaufen, immer im Kreis durch den tiefen Schnee, dann war er wieder ins Haus zurück und hatte sich an den Schreibtisch gesetzt, um einen Brief zu schreiben. Unzählige zerknautschte Bögen Papier waren über den Boden verstreut. So saß der Weihnachtsmann noch immer, zwei Stunden nachdem die Sonne längst ihr Sonnenbad genommen hatte und das Drängelchen an seine Tür klopfte, um ihm das Frühstück zu bringen.

„Guten Mor … Mittag!“, zwitscherte das Drängelchen. „Gut geschlafen? Das war ja eine wunderschöne Feier gestern. Danke, ich auch. Und hier Ihr Frühstück, Chef …“ Das Drängelchen stutzte. Fast hätte es das Tablett fallen lassen. Wie sah denn der Weihnachtsmann aus? Als hätte er die ganze Nacht kein Auge zugemacht, als wäre er stundenlang im Zimmer auf und ab gelaufen und dann draußen im tiefen Schnee immer im Kreis, oje! Das Drängelchen schaute sich um. Es starrte auf die vielen Papierknäuel auf dem Fußboden. Wie sah es denn hier aus? Und wer hockte da breit und bräsig im Ohrensessel? „Das ist doch der … der … der …“

„Der süße Knopfaugenteddy für die kleine Emma“, sagte der Weihnachtsmann. „O Gott!, vergessen?“, fragte das Drängelchen erschrocken. Der Weihnachtsmann senkte den Blick. „Unterschlagen“, sagte er tonlos.

Das Drängelchen ließ das Tablett auf den Schreibtisch fallen. Teller und Teebecher klirrten aneinander. „Aber lieber Weihnachtsmann!“, rief das Drängelchen fassungslos. „Den Kindern ein Geschenk unterschlagen.“ „Ich weiß ja, ich weiß ja“, stöhnte der Weihnachtsmann. „So was geht gar nicht. Unverzeihlich ist das.“ Das Drängelchen schwieg betreten. Eine längere Pause entstand. „Ach, aber weißt du, liebes Drängelchen“, sagte der Weihnachtsmann schließlich mit leiser Stimme, „ich habe mir, seit ich denken kann, schon als ich noch ein ganz kleiner Weihnachtsjunge war, einen solchen netten Teddy aus echter Teddywolle gewünscht. Unzählige Teddys aus echter Teddywolle habe ich den Kindern gebracht. Aber nie, nie …“, der Weihnachtsmann schluckte und schniefte in sein Taschentuch. „Niemals ist jemand auf die Idee gekommen, mir so einen Teddy zu schenken.“ Das Drängelchen hob den vollen Teebecher vom Tablett und nahm einen Schluck. „Wenn das Bemängelchen davon erfährt …“, stöhnte es und nahm eine Scheibe Toast vom Teller. „Spätestens in zwei Tagen …“ „Ich habe einen Brief an die kleine Emma geschrieben“ sagte der Weihnachtsmann, „eine Selbstanzeige, ein Geständnis. Natürlich werde ich der Emma den Teddy zurückbringen. Aber damit ist es nicht getan. Eine Weihnachtswunschunterschlagung ist ja keine Kleinigkeit. Das wird mit mindestens zwei Jahren Gefängnis geahndet." Das Drängelchen riss die Augen auf. „Das hieße ja, Weihnachten fällt für mindestens zwei Jahre aus!", rief es und biss in den Toast. Der Weihnachtsmann nickte betreten. „Wirst du mir helfen und der kleinen Emma den Brief bringen?", fragte er leise. „Ich komme dann mit dem Teddy nach." Das Drängelchen kaute nachdenklich das Toastbrot und nickte ernst.

Es schneite noch immer. Die Sonne war vom Mittagessen mit dem Tag zurück, nun hatte sie Kopfschmerzen und hielt ein kleines Nickerchen in ihrem Schattenkabinett. Es begann zu dämmern. Im Festsaal wurden Kannen voll heißer Schokolade und Kinderkaffee auf die Tische gestellt und Weihnachtsplätzchen auf bunten Tellern verteilt. Die Engelchen schwärmten in den Saal und verteilten sich an den Tischen und langten nach den Plätzchen und zwitscherten und lobten ihre eigenen Backkünste.

Währenddessen schlichen sich der Weihnachtsmann und das Drängelchen aus dem Haus und huschten in den Rentierstall. Der Weihnachtsmann trug ein Paket unter dem Arm und das Drängelchen hielt einen Brief in der Hand. „Ich denke, ich nehme lieber den kleinen Elektroschlitten", sagte der Weihnachtsmann. „Der macht nicht so viel Lärm und es fällt auch nicht weiter auf, wenn der fehlt. Flieg du schon mal voran, Drängelchen. Also, wie besprochen. Du gibst den Brief bei Emmas Eltern ab, eine Stunde später warte ich dann draußen vor ihrem Haus und erwarte mein Urteil."

Das Drängelchen nickte ernst. Es hatte sich noch eilig ein paar Weihnachtsplätzchen als Reiseproviant mitgenommen. Nun stopfte es Brief und Plätzchen unter die Flügel und flog davon.
Der Weihnachtsmann schob den Elektroschlitten hinter den Rentierstall und hockte sich auf einen Heuballen und zählte die Sterne. Sein Herz klopfte ihm bis zum Hals. Ab und zu blökte ein Rentier im Stall, vielleicht war es auch der Magen des Weihnachtsmannes, der laut und vernehmlich knurrte.
Als der Weihnachtsmann über 3000 Sterne gezählt hatte, warf er den Elektroschlitten an und machte sich auf die Fahrt in die Stadt. Er zog die Kapuze tief in die Stirn, um unerkannt am Mond vorbeizufliegen. Der würde sich nur wieder wichtig tun mit seinen Ratschlägen. „Heute ist aber gar kein guter Tag zum Ausfliegen", und so. Es schneite noch immer. Langsam näherte sich der Weihnachtsmann der Stadt. Er kniff die Augen zusammen. Wo stand noch mal das Haus von der kleinen Emma? Ach ja, dort. Dieses kleine, nette rote Haus in der kleinen, ruhigen Seitenstraße. Gestern war er dort niemandem begegnet. Vielleicht hatte er Glück und er würde auch heute niemandem begegnen. In einem Fenster des kleinen roten Hauses brannte Licht. Wieder kniff der Weihnachtsmann die Augen zusammen. Drei Menschen saßen um einen runden Tisch und lasen in einem Brief. Ein Mann und eine Frau und ein kleines Mädchen. Das war Emma, jetzt erkannte der Weihnachtsmann

sie. Sein Herz schlug ihm bis zum Hals. Dort in der Ecke am Ofen unter der großen Wanduhr stand ja auch das Drängelchen, es hielt einen Teller in der Hand und biss in ein Stück Stollen.

Jetzt schlug die Wanduhr. Es war Punkt um, das Drängelchen erschrak, es stellte den Teller auf den Ofen und flog aus dem Zimmer. Nun war es also soweit. Der Weihnachtsmann drosselte den Motor, er setzte zur Landung an und kam mit dem Schlitten direkt vor dem Haus zum Halten. Sein Herz klopfte immer schneller und höher. Er nahm das Paket vom Rücksitz und stellte es neben den Schlitten. Da wurde auch schon die Tür geöffnet und Emma sprang aus dem Haus. Ihre Mutter und ein Mann in einer Uniform folgten ihr. Der Weihnachtsmann holte tief Luft. Aha, sie hatten bereits die Polizei alarmiert, dachte er und stapfte ein paar Schritte auf Emma und den Polizeibeamten zu. Der Weihnachtsmann schloss die Augen und streckte dem Mann die Hände entgegen. Gleich würde man ihm die Handschellen umlegen. „Freut mich, Sie wiederzusehen. Nach so langer Zeit!“, sagte der Mann und schüttelte dem Weihnachtsmann beide Hände. „Das letzte Mal habe ich Sie gesehen, als ich ein kleiner Bub war. Sie brachten mir einen Plüschteddy mit schwarzen Knopfaugen. Inzwischen fristet der ein einsames Dasein auf dem Dachboden, der arme Teddy.“ Der Weihnachtsmann schluckte. „Hier bringe ich Ihnen noch einen“, sagte er und drehte sich nach dem Paket um. „Den habe ich gestern …“ „Vergessen, nicht wahr?“, sagte die Frau und schüttelte dem Weihnachtsmann die Hand. „Hallo, ich bin Emmas Mutter und das ist mein Mann, er kommt gerade vom Dienst und wir haben Ihren freundlichen Brief gelesen. Nett, dass Sie extra noch mal vorbeikommen." Sie zwinkerte dem Weihnachtsmann zu und schaute auf das Paket, das neben dem Schlitten stand. „Schau mal, Emma. Was der Weihnachtsmann dir heute noch bringt." Emma strahlte den Weihnachtsmann mit leuchtenden Augen an. Der Weihnachtsmann schluckte gerührt. Er holte das Paket und reichte es Emma. „Überraschung!", sagte er. „Das musst du aber drinnen auspacken. Hier draußen ist es ja viel zu kalt. Und ich will dann auch wieder …" Emma nickte. „Auf Wiedersehen", sagten Emmas Eltern und schüttelten dem Weihnachtsmann die Hand. „Und vielen Dank nochmals." „Vielen Dank nochmals", sagte auch Emma. „So. Ja …", sagte der Weihnachtsmann. Mehr fiel ihm nicht ein. Er drehte sich um und stapfte zurück zu seinem Schlitten.

Es schneite noch immer. „Ich flieg schon mal vor", rief das Drängelchen und machte sich aus dem Schnee. „Vielleicht bekommt ja auch der Weihnachtsmann in diesem Jahr ein Überraschungsgeschenk, wer weiß …", sagte es geheimnisvoll und blickte mit einem schelmischen Lächeln auf den Karton unter seinem Arm, den Emmas Vater vorhin noch schnell vom Dachboden geholt hatte.

Das Kind aus der Krippe

Ottoline Herzlicht war klein, aber oha. Ihr Sohn Olaf überragte sie inzwischen um 30 Zentimeter, aber sie war ihm allemal gewachsen, obwohl ihr Längenmaß nur 153 Zentimeter betrug – ohne Pumps.

Ottoline Herzlicht war eine Frau von Prinzipien. Eines ihrer Prinzipien war, sich niemals aus der Ruhe bringen, sich nicht unterkriegen und auch nicht runtermachen zu lassen. Sollte sie schrumpfen, so nahm sie sich vor, dann nur aufgrund ihres Alters, nicht jedoch, weil jemand sie kleiner haben wollte, als sie war. Ein weiteres Prinzip bestand darin, dass sie mit der Zeit ging. Sie kleidete sich gern nach der neuesten Mode und interessierte sich für das aktuelle politische Geschehen. Im Kopf und auf den Beinen war sie trotz ihrer einundachtzig Lenze noch sehr beweglich. Mit der Zeit gehen hieß für Ottoline Herzlicht auch, mit „der göttlichen Ordnung" im Fluss zu sein. Sie liebte den Wechsel der Jahreszeiten. Aber, bitteschön: Frühling im Frühling, Herbst im Herbst. Alles zu seiner Zeit, war ihr Motto und so war sie zum Beispiel nicht wild darauf, im Winter draußen vor dem Café zu sitzen, einen rotgesichtigen energiefressenden Heizstrahler im Rücken. Da fand sie es drinnen am warmen Ofen bei einer Tasse selbst aufgebrühten Filterkaffees und einer Weinbrandbohne oder zwei viel kuscheliger.

Bei Ottoline Herzlicht kam der erste Weihnachtslebkuchen am ersten Advent auf den Tisch und keinen, nicht einen

Tag früher. Obwohl ihre täglichen vorweihnachtlichen Spaziergänge sie an zahlreichen Konditoreien der winterlichen Kleinstadt vorbeiführten, blieb sie standhaft. So mobil sie sonst war. Die alte Dame warf einen Blick in die Auslagen der festlich geschmückten und üppig dekorierten Fenster und ihre Wangen färbten sich rosarot. Leckere Kokosplätzchen, Rumkugeln, Vanillekipferl, Marzipanschnittchen, Husarenkrapferl, Orangenzungen, Baumkuchen. Und dort, o weia! Lebkuchen in den unterschiedlichsten Farben und Formen. Runde und eckige Lebkuchen. Weiße, schwarze und braune Lebkuchen, schlicht, klassisch oder mit den auserlesensten Füllungen. Oblaten-Lebkuchen, Elisen-Lebkuchen. Frau Herzlicht rechnete aus, wie lange es noch bis zum 1. Advent war, und schluckte und ließ die Zuckerbäcker dann tapfer links oder rechts liegen und schritt erhobenen Hauptes weiter.

So wie der Lebkuchen nicht vor dem ersten Advent auf Ottoline Herzlichts Meißner Porzellanteller kam, so wurde auch die Krippe niemals vor dem Heiligabend vom Dachboden geholt. Das war ein eisernes Prinzip. Am 24. Dezember und keinen Tag früher ruckelte Ottoline Herzlicht die alte Holzleiter aus der Abseite, lehnte das morsche Gestell mit den rostigen Eisenscharnieren unter Schnaufen und Ächzen an den Einstieg zur Dachbodenluke, schlüpfte in ihre Sicherheitsschuhe, krabbelte die schmalen Stufen hinauf, verschwand kopfüber im begehbaren Speicher und erschien nach wenigen Minuten spinnwebenbehängt und wohlbehalten wieder am Einstieg der Dachluke, zwei Kartons vor sich her schiebend, die sie nacheinander an einer dicken Kordel vorsichtig nach unten ließ. So ähnlich hatte sie es schon gehalten, als Olaf noch ein kleiner Junge war und auch Herr Herzlicht noch unter den Lebenden weilte. Damals war sie freilich wesentlich behänder die Stiege hochgesprungen. Damals hatte Herr Herzlicht die Leiter festgehalten, den kleinen Olaf neben sich. Vater und Sohn hatten die Hälse gereckt, während Frau Herzlicht sich in den Rachen der Dachbodenluke warf und anschließend die Kartons in die Arme des Gatten.

Nun war der kleine Olaf ein ausgewachsener Mann von eins achtzig – ohne Bugattis – und selbst Ehemann und Vater. Er wohnte schon lange nicht mehr in dem großen Elternhaus. Vor zehn Jahren war er aus der Stadt weggezogen ans Ende der Welt. Kurz darauf zogen Krögers in die leer stehende bessere Hälfte des Hauses ein. Seit dem Tod ihres Mannes war Ottoline regelmäßig Heiligabend bei ihnen zu Gast. Aber in diesem Jahr würden Sanne und Olaf mit Sprössling Jan-Ole bei Frau Herzlicht Weihnachten feiern. Frau Herzlicht freute sich auf den Besuch der Kinder. Schade war nur, dass Sanne und Olaf bis zum 23. arbeiten mussten und die drei erst am 24. bei ihr sein konnten. Aber so war das heute, dachte Frau Herzlicht, alle immer im Stress. Sie zuckte mit den Schultern, nahm einen Schluck selbstgebrühten Filterkaffees und machte einen Plan, wann sie mit den Vorbereitungen für den Besuch beginnen sollte. Vier Wochen hatte sie noch Zeit.

„Mach dir bloß keinen Stress, Mutti!“, sagte Olaf am Telefon, „wir bringen unser Bettzeug mit und wenn du unbedingt was kochen willst, Kartoffelsalat mit Würstchen, den essen wir doch alle gern.“ Den Vorschlag mit dem Bettzeug fand Ottoline Herzlicht okay. Über den Kartoffelsalat wollte sie noch nachdenken. Sie würde die Essensfrage mit Hans, ihrer Haushaltshilfe, am kommenden Mittwoch besprechen, dem wöchentlichen Großreinemachtag. Punkt elf war Kaffeepause, da waren die Teppiche aufgerollt, die Stühle hochgestellt, die Gardinen in der Waschmaschine, der Geschirrspüler lief, Hans und Ottoline saßen in der Küche bei einer Tasse selbstaufgebrühten Bohnenkaffees und überdachten das Weihnachtsmenü. Hans riet Ottoline zur Gans. Und Ottoline verzog zunächst keine Miene.

Dann zog sie die Stirn kraus, überlegte zwei Sekunden, schnappte sich eine Weinbrandbohne und stimmte Hans zu und Hans schnappte sich auch eine Weinbrandbohne und die beiden malten sich genüsslich aus, womit die Gans gefüllt werden und was es an Beilagen geben sollte und wann Ottoline und Hans auf den Markt gehen würden. Weihnachten und Sanne und Olaf und Jan-Ole konnten kommen.

Und Weihnachten, Sanne und Olaf und Jan-Ole kamen und sie brachten sogar noch jemanden mit. Struppi, den kleinen Bettvorleger. Der war angekündigt wie die Bettwäsche. Aber Bettwäsche und Bettvorleger waren für Ottoline Herzlicht ja okay. Die Kinder sollten sich wie zu Hause fühlen. „Nun kommt erst mal in Ruhe an, ich mach uns einen Kaffee“, sagte Ottoline, als die kleine Familie mit Hund vor der Haustür stand, und startete Richtung Küche. Doch Sanne bestand darauf, dass erst die Koffer ausgepackt, die Kleider aufgehängt, die Wäsche eingeräumt und der Wagen ordentlich geparkt waren. Olaf musste Struppi im Garten Pipi machen lassen und Jan-Ole sollte sich die Händchen waschen, bevor er die Mitbringsel überreichte. Sanne ist mir ein bisschen zu ordentlich, dachte Ottoline, geradezu pingelig, na ja. Dann schlurfte sie in die Küche, wo die Gans bereits im Ofen brutzelte, und Sanne sauste hinterher, um ihrer Schwiegermutter beim Kaffeekochen behilflich zu sein.

Schließlich waren die Lieben im Wohnzimmer auf Sofa und Sessel und Teppich verteilt, der Kachelofen bollerte und es duftete nach frisch aufgebrühtem Filterkaffee und warmer Milch mit Kakao, nach Lebkuchen und Bienenwachskerzen. Ottoline wickelte geduldig die Mitbringsel aus: eine XXL-Schachtel Weinbrandpralinen mit Zuckerkruste und ein selbstgemaltes Bild von Klein-Ole. Sie faltete das Papier mit der Kinderzeichung auseinander und betrachtete es interessiert von allen Seiten und drehte es hin und her, als Sohn Olaf die Frage stellte, die er so oder so ähnlich schon vor 30 Jahren gestellt hatte. „Mutti, wann stellst du denn die Krippe auf?“ Frau Herzlich schwieg, sie war noch ganz in die Betrachtung der Zeichnung versunken und kaute an einer Praline. Gerade setzte sie zur Antwort an, da kam ihr Sanne zuvor und bot sich an, die Krippe vom Dachboden zu holen und die Figuren zu entstauben. Ottoline deutete mit dem Daumen hinter sich. Was wollt ihr denn?, schien sie zu fragen. Dort stehen sie doch, die beiden Kartons: auf dem eleganten Servierwagen vor der verschlossenen Schiebetür zum Esszimmer, wo im Halbdunkel eine festlich gedeckte Tafel auf die Gäste wartete und auf seine Bewunderung ein liebevoll geschmückter Tannenbaum. Frau Herzlicht kaute an einer zweiten Praline und sah sich in Gedanken mit Hans über den verschneiten Markt laufen und eine Nordmanntanne nach der anderen begutachten. Sie sah sich auf der Leiter stehen und von Hans die Strohsterne entgegennehmen, die er aus der asbach-uralten Pralinenschachtel fischte, und den Baum dekorieren. Dann faltete sie in aller Ruhe die Kinderzeichnung zusammen, strich Klein-Ole über den spärlich behaarten Kinderkopf und lobte ihn für das Gekritzel, das er so schön zu Papier gebracht hatte. Eine lachende Sonne, erklärte Sanne und Frau Herzlicht fühlte sich durch das gelbe spiralförmige Urknäuel an einen Eierlikör-Lebkuchen erinnert. Sie ließ die Pralinenschachtel noch einmal die Runde machen und schaute auf die alte Standuhr. „Viertel vor vier, ihr Lieben", sagte sie. „Was meint ihr, wollen wir in zehn Minuten loslegen?" „Vor der Bescherung?", fragte Olaf ungläubig und Ottoline Herzlicht erklärte ihrem Sohn in aller Ruhe, dass sie diesmal ausnahmsweise eine Ausnahme machen wollte wegen Klein-Ole, der seit ein paar Minuten unablässig gähnte und dabei sein Mündchen aufriss wie ein Löwenmäulchen und sicher gleich einschlummerte und durchschlief bis morgen früh. Das gemeinsame Krippenaufstellen sei doch mit das Schönste an Weihnachten und davon sollte der kleine Knirps noch ein bisschen mitbekommen. „Finde ich jedenfalls", sagte Frau Herzlicht. Olaf räumte eilig das Geschirr zusammen und Sanne nahm die Tischdecke, schüttelte sie auf der Terrasse aus, wischte die Tischplatte ab und fragte nach Handfeger und Schaufel, um den Teppich von Kuchenkrumen zu befreien, während Struppi, der gern vom Boden fraß, was ihm vor die Schnauze kam, erfolglos die handgeknüpfte blau-rote Perserbrücke nach Lebkuchen-Resten abschnüffelte. Klein-Ole in seinem Kindersitz döste. Dann war es endlich soweit.

Ottoline Herzlicht schob den Servierwagen vor den Kachelofen, hob den Krippenstall aus dem Karton und stellte ihn oben auf den Servierwagen. Sanne nahm Klein-Ole auf den Arm und trat mit Olaf an den Stall. Frau Herzlicht zog den zweiten Karton vom unteren Ablageboden, stellte ihn neben sich auf die Ofenbank, setzte ihre Brille auf und entknotete das Baumwollband, mit dem sie den Karton verschnürt hatte. Geschickt wickelte sie das Band um ihr Handgelenk, klappte die Kartondeckel feierlich auf, nahm die erste in Papierseide gehüllte Gestalt heraus und wickelte sie aus. „Melchior", verkündete Frau Herzlicht feierlich und teilte dem Weisen aus dem Morgenland seinen Platz zu. „Der heilige Josef." „Maria." „Hirte mit Lamm." Sanne und Olaf betrachteten den Aufbau der Krippe in sich gekehrt und schweigend. Klein-Ole, der anfangs noch große Augen gemacht hatte, bekam auf einmal ganz kleine Äugelein und nickte auf dem Arm seiner Mutter ein. „Ich bring ihn rasch ins Bett“, flüsterte Sanne. „Bin gleich zurück“. Frau Herzlicht nickte. Sie hielt eine Figur in der Hand, die Olaf sofort an dem besonderen Papier erkannte, in das sie eingewickelt war. „Das Jesuskind“, flüsterte er. „Das lassen wir noch schön eingewickelt“, sagte Frau Herzlicht leise und fast verschwörerisch und legte es vorsichtig auf den Ofensims. „Das wird nach Mitternacht in die Krippe gelegt.“ „Hirtin mit Kind.“ „Ochs und Esel“, so ging die Vorstellungsrunde weiter … und so weiter und so fort und schon war Sanne zurück. Klein-Olaf schlummerte in seinem Bettchen und eine viertel Stunde später war die Krippe aufgebaut und die drei Herzlichts standen andächtig vor dem Ensemble. „Wunderbar“, sagte Ottoline Herzlicht und legte das Seidenpapier hübsch säuberlich zusammen und Olaf brachte die Kartons in den Keller.

Struppi bekam sein Weihnachtstrockenfutter, die Erwachsenen kleideten sich um, der Festtagsbraten wurde aus dem Ofen geholt und nicht lange und die Kerzen am Weihnachtsbaum brannten, das Silberbesteck klapperte, die Gläser klirrten, der Raum war angefüllt mit fröhlichen Stimmen und es duftete nach Weihnachtsgans mit Rosinen und Couscous-Maronenfüllung, nach Kartoffelklößen und Rotkohl. „Ein schöneres Geschenk als euren Besuch hättet ihr mir gar nicht machen können“, sagte Ottoline Herzlicht und sie wiederholte den Satz noch einmal, als der Tisch längst abgeräumt war und alle wieder in der Wohnzimmerecke saßen, ein Glas Wein in den Händen, und durch die geöffnete Schiebetür auf den herrlich beleuchteten Tannenbaum im Esszimmer schauten. „Wir haben trotzdem noch was", meinte Olaf und überreichte Frau Herzlicht ein hübsch eingewickeltes rotgoldenes Paket. „Für dich. Frohe Weihnachten, Mutti", sagte er. „O wie lieb. Das packe ich gleich aus, aber erst …", sagte Frau Herzlicht und ging zum Tannenbaum hinüber, unter dem die Geschenke für ihre Kinder lagen und verteilte an beide kleine, hübsch verpackte Schachtelchen und Kästchen, unter denen auch etwas für Klein-Ole und Struppi war. Ein wenig Wein wurde nachgeschenkt, die Geschenke wurden ausgepackt und jedes einzelne ausgiebig gewürdigt. Struppi stürzte sich auf das bunte Weihnachtspapier, das über den ganzen Fußboden verstreut lag, während die Erwachsenen von früheren Weihnachtsfesten erzählten und der Menschen gedachten, die heute nicht bei ihnen waren. Dabei verging die Zeit fast wie im Fluge. „Jetzt räumen wir aber auf!", sagte Frau Herzlicht mit einem Blick auf die Uhr und auf die Papierberge um sie herum: Bögen von Geschenkpapier, zerknautschte Papierservietten, geöffnete Briefumschläge, Postkarten, Pappkartons. Olaf und Sanne sausten durch die Räume und bestanden darauf, dass Frau Herzlicht in ihrem Ohrensessel sitzen blieb. In Nullkommanichts war die Ordnung wiederhergestellt. „Ein wirklich schöner Heiligabend. Ich danke euch", sagte Frau Herzlicht und stand auf. „Und jetzt legen wir das Jesuskind in die Krippe.“ Gemessenen Schrittes ging die alte Dame an den Kachelofen. Nun würde das kleine Ritual folgen, das ihr seit über 30 Jahren vorbehalten war. Olaf und Sanne fassten sich lächelnd an den Händen und traten an den Servierwagen, als Klein-Ole plötzlich zu schreien anfing. „Soll ich nach ihm schauen?“, fragte Olaf, aber Sanne winkte ab und lief ins Gästeschlafzimmer, während Frau Herzlicht den Ofensims abtastete und noch einmal abtastete und dann etwas Unverständliches vor sich her brummelte. „Was ist denn, Mutti?“, fragte Olaf beunruhigt. „Moment …“, stammelte Frau Herzlicht. „Momentchen mal … ganz ruhig, Ottoline“, sagte sie dann zu sich und ihr rechtes Augenlid zitterte nervös. Sie stellte sich auf die Ofenbank und suchte den Sims nach etwas ab. „Futsch!“, rief sie und starrte ihren Sohn an. „Überleg mal in Ruhe“, sagte Olaf. „Du hast das Jesuskind in der Serviette belassen und es vorsichtig auf den Sims gelegt, damit es nicht wegkommt, so wie du es all die Jahre gemacht hast.“ „Ich bin noch nicht meschugge, ich weiß doch noch, was ich tue“, sprach Frau Herzlicht zu sich.

„Da bin ich“, rief Sanne, die den Kleinen in den Schlaf gewiegt hatte und eben zurückkam. „Weg!“, sagte Frau Herzlicht. „Futsch!“ Sanne guckte erschrocken von ihrer Schwiegermutter auf ihren Ehemann. „Wie vom Erdboden … verschluckt.“ „Das gibt es doch nicht“, rief Olaf und schaute drohend auf Struppi, der vom Boden fraß, was ihm vor die Schnauze kam. Der Hund wurde auf den Flur gesperrt.

Was folgte, war eine mitternächtliche Suchaktion in Wohn-, Esszimmer und Küche. Frau Herzlicht holte ihre alte Taschenlampe und leuchtete unter Tische und Stühle, Sessel und Teppiche. Fensterbretter, Ofensimse und Tischplatten, Blumen- und Kochtöpfe wurden inspiziert, der Kühlschrank geöffnet, der Krippenfigurenkarton zum x-ten Mal durchwühlt. „Ich bin doch nicht meschugge, ich weiß doch noch, was ich tue“, murmelte Frau Herzlicht und sank erschöpft auf die Ofenbank. „Oder nicht?“, fragte sie und schaute ihre Schwiegertochter hilfesuchend an. Sanne setzte sich zu ihr und legte den Arm um ihre Schulter. „Hier oben habe ich es hingelegt, Sanne, ich weiß doch, was ich tue. Ich habe die hübsche Weihnachtsserviette aus dem Karton genommen, in die ich das Jesuskind seit Jahren wickle. Zu Olaf habe ich gesagt …“ „Moment mal“, unterbrach Sanne den Redefluss ihrer Schwiegermutter, die inzwischen ein bluthochdruckrotes Gesicht hatte. „Sag das noch mal.“ „Zu Olaf habe ich gesagt …“ „Nein, davor!“ „Ich hab die hübsche Weihnachtsserviette aus dem Karton gehoben, in die ich das Jesuskind …“ „O Gott!“, stöhnte Sanne, deren Gesicht sich reinweiß färbte. „O nein! Dann habe ich es … beim Aufräumen. Hier lagen so viele Servietten herum. In den Müll. Aus Versehen … Ich wusste ja nicht, dass das Jesuskind in eine Serviette eingepackt war“, versuchte sie eine Verteidigung. „Nur die Ruhe!“, brummelte Frau Herzlicht und tätschelte ihrer Schwiegertochter die Hand, „dann ist noch nicht alles verloren, dann ist es in der Küche im Mülleimer gelandet.“ Die alte Dame hüpfte von der Ofenbank und war gerade im Begriff, sich kopfüber in die Küche zu stürzen, als Olaf vernehmbar tonlos sagte. „Den Müll habe ich vorhin runtergebracht, als Struppi noch mal Pipi musste."

„Nur die Ruhe! Noch war die Müllabfuhr nicht da", rief Frau Herzlicht und stürzte in den Flur. Sie riss ein Schlüsselbund von der Wand, warf sich ihren Mantel über und ließ die Haustür sperrangelweit offen stehen. Olaf, Sanne und Struppi stolperten hinter ihr hin und her und quer über den matt erleuchteten Hof zum Müllhäuschen hinter dem Haus. „Kannst du dich noch erinnern, wie die Tüte ausgesehen hat, die du runtergebracht hast?", japste Sanne und stupste Olaf in die Seite, als er die Tür zum Müllhäuschen öffnete. „Weiß nicht. Ich glaub' ja", gab er unsicher zu Antwort. Die Innenbeleuchtung des Holzhäuschens sprang automatisch an. „Was ist denn *hier* los?", rief Olaf. Unmengen von Umverpackungen, Pappkartons, Geschenkverpackungen, Knäuel von Geschenkpapier, Füllmaterial und Packpapier bedeckten den Boden des Müllhäuschens und quollen unter beiden Containerdeckeln hervor. „Da hat es heute wohl reichlich Geschenke bei Krögers gegeben", antwortete Frau Herzlicht. „Die haben Besuch von ihren Kindern und Enkeln." Sie murmelte etwas von „Wohlstandsmüll" und „Perle im Heuhaufen" und „Nun mal ganz ruhig, Ottoline" und machte Anstalten, kopfüber im erstbesten der beiden Container zu verschwinden, als Olaf „Da! Da!" rief. „Die! Die, aus der die leere Pralinenschachtel herausguckt." Frau

Herzlicht ging gemessenen Schrittes an den Container und ließ es sich nicht nehmen, die Plastiktüte halb triumphierend, halb verächtlich aus dem Müll zu ziehen. „Dada, didi“, murmelte sie fröhlich und klopfenden Herzens und führte die kleine Prozession an, die wieder ins Haus eilte.

In der Küche wurde die Tüte vorsichtig auf ihren Inhalt untersucht und dada, didi, es fand sich tatsächlich die verschwundene Weihnachtsserviette darin. Frau Herzlicht wickelte mit zitternden Händen das Jesuskind aus und legte es in ihre Hand wie ein kleines Vogelküken und schritt zum Servierwagen. Olaf und Sanne folgten ihr.

Alle drei hatten noch die dicken Wintermäntel an, ohne es zu merken. Sie setzten sich an den bollernden Kachelofen und schwitzten, ohne es zu merken, und schauten lange auf die Krippe, in der nun das Jesuskind lag, und sahen es mit Freuden an, während, wie sich Sanne kurz versichert hatte, Klein-Ole in seinem Bettchen selig schlummerte.

Es war eine ganze Weile ganz still im Raum. Niemand sagte etwas. Olaf war der Erste, der die Worte wieder fand. „Das Kind aus der Krippe“, sagte er ruhig. „Was hättest du gemacht, Mutti, wenn du es nicht wiedergefunden hättest?“ Frau Herzlicht überlegte. „Ich weiß es nicht“, antwortete sie nachdenklich. „Aber es ist ja noch mal gut gegangen. Gott sei Dank.“ „Was hätten wir gemacht, wenn die Krippe in Bethlehem vor 2000 Jahren leer geblieben wäre?“, meinte Sanne. „Fast wäre das Jesuskind in unserem Weihnachtsmüll untergegangen“, sagte Olaf.

„Ich habe mich lange nicht mehr so um dieses Jesuskind gedreht wie an diesem Heiligabend“, sagte Sanne. „Es ist wie ein wiedergefundener Schatz“, sagte Frau Herzlicht.

Herr Klotz taut auf

Als Herr Klotz eines Julimorgens aus seinem grauen Haus in der Grummelstraße 7 trat, blieb er wie angewurzelt stehen. Sein Vorgarten lag unter einer tiefen Schneedecke und wo gestern noch Unkraut und Löwenzahn gewuchert hatten, stand heute ein Schneemann! „Das ist ja wohl die Höhe!", schimpfte Julius Klotz. Er stemmte seine kurzen, dicken Arme in die Seiten und schüttelte seinen kantigen Kopf. „Sie da! Weg da!", rief Herr Klotz empört und wedelte mit den Händen in der Luft, als wollte er einen lästigen Schwarm Mücken vertreiben. Der Schneemann bewegte sich nicht vom Fleck. „Eiskalt!", brummte Herr Klotz und schnaufte vor Wut.

Wütend, wie er war, übersah Herr Klotz, dass nur in seinem Garten Schnee lag. Nirgendwo sonst in der kleinen blauen Stadt hatte sich auch nur eine hauchzarte Schneeflocke auf die Erde verirrt. Warum auch, es war schließlich Sommer. Petrus hatte die Sonne angeknipst, die Bäume leuchteten sommergrün und in den Vorgärten standen Rosen und Stiefmütterchen, aber beileibe keine Schneemänner. Jahreszeiten interessierten Herrn Klotz nicht. Ihm war es wurst, ob es Frühling, Sommer, Herbst oder Winter war. Er hockte sowieso die meiste Zeit drinnen in seinem Haus. Und zwar am liebsten allein, Besucher konnte er genauso wenig ausstehen wie Schneemänner. Überhaupt gab es vieles, was Herr Klotz nicht mochte.

Herr Klotz schaute auf seine Armbanduhr. Höchste Zeit, wenn er den Acht-Uhr-Bus noch erwischen wollte. Im Büro würde er darüber nachdenken, wie er den Schneemann wieder loswerden könnte. Bis zum Feierabend war ihm sicher etwas Oberfieses eingefallen. Herr Klotz hockte in seinem muffigen Büro bei Firma Polterhannes und Söhne und kritzelte Schneemänner auf ein Stück Rechenpapier. Herr Klotz runzelte die Stirn. Dann zog er einen kräftigen, breiten Strich quer durch über das Papier. Von links nach rechts. Und noch einen – von rechts nach links. Ssst, gleich den nächsten. Zack durch die Mitte. Sssstrich, Strich, Strich. Bis auch der letzte Schneemann hinter einem fetten, schwarzen Gitterfenster verschwunden war.

Etwas später riss der Firmengong Herrn Klotz aus seiner finsteren Beschäftigung. Herr Klotz griff nach seiner ausgebeulten Aktentasche aus echtem Kunstleder. „Was habe ich mir denn heute Schönes eingepackt?", murmelte Herr Klotz und klappte die Brotdose auf wie ein Schatzkästchen. „Eine Käsestulle, wie immer!", stellte er zufrieden fest. Dann kräuselte er die Nase wie ein Kaninchen. Igitt, der Käse war ja völlig aus der Form gelaufen. „Kein Wunder, bei dieser Affenhitze!", schimpfte Herr Klotz und plötzlich hatte er einen Einfall. Er würgte das Brot in drei großen Bissen hinunter und schmatzte wie sieben kleine Ferkel. Dann spülte er den Rest geräuschvoll mit einer Tasse Kaffee herunter und nahm den Bleistiftstummel und schrieb und kritzelte und überlegte …

Um fünf Uhr nachmittags ließ Herr Klotz den Griffel fallen. Er nahm den Bus in die Stadt und marschierte schnurstracks in das Haushaltsgeschäft von Frau Stecker. In der Abteilung für Elektrogeräte rempelte er zwei Kunden zur Seite, ließ sich einen Kasten einpacken und drängelte sich an der Kasse vor. Ja, nun, liebe Leute, ich habe es eilig, dachte Herr Klotz und hetzte aus dem Geschäft. Die Kunden schauten ihm hinterher und schüttelten die Köpfe. Herr Klotz fuhr nach Hause. Er war sehr zufrieden mit sich.

Die Spatzen zwitscherten, als Herr Klotz aus dem Bus stieg, und aus den Vorgärten wehte der Geruch von geröstetem Grillfleisch und Folienkartoffeln zu ihm herüber. Aber Herr Klotz roch und hörte nichts. Er sauste durch die Straßen wie eine Aufziehpuppe. In der Grummelstraße hüpften ihm zwei Kinder entgegen. „Schau mal, ein Schneemann im Juli!", riefen sie und deuteten aufgeregt auf den Vorgarten. Herr Klotz blieb verwundert stehen und riss die Augen auf. Aus allen Richtungen liefen Neugierige vor seinem Haus zusammen. Einige Väter und Mütter trugen ihre Kinder auf den Schultern, damit die Kleinen den Schneemann besser sehen konnten. Sogar ein Fotoreporter von den Kleinstädter Nachrichten war herbeigeeilt. Mit Kamera und Mikrofon.

Herr Klotz knuffte sich einen Weg durch die Menge. „Unerhört", schimpfte er. „Lassen Sie mich gefälligst vorbei!" Er hielt den geheimnisvollen Kasten vor seinen Bauch und buffte sich energisch durch das Menschenknäuel hindurch. Die Leute aus der vorderen Reihe drehten sich empört zu

Herrn Klotz herum. Dann wandten sie die Köpfe ruckartig in die andere Richtung, aus der ein ohrenbetäubendes Tatütata herandröhnte. Ein Polizeiwagen fuhr vor und zwei Polizeibeamte sprangen aus dem Wagen. „Was ist hier los?", rief der ältere Polizist und sein Blick fiel auf den Schneemann. „Wem gehört das Objekt?" Herr Klotz schob sich nach vorn. „Er war auf einmal da, Herr Wachtmeister. Über Nacht! Ein Rätsel …"

„Das ist Erregung öffentlichen Ärgernisses!", stellte der Polizeibeamte fest und zückte seinen Notizblock. „Der Schneemann muss weg! Und zwar bis morgen!" „Geht klar, Chef!", grummelte Herr Klotz. „So wahr ich Klotz heiße." Er klemmte sich den Karton unter den Arm und stapfte trotzig ins Haus. Die Leute wichen respektvoll zurück. Diesem Klotz gehörte also der verschneite Sommergarten samt Schneemann darin, dachten sie und starrten Herrn Klotz an. Sie sprachen von einem Weihnachtswunder mitten im Juli und von einem historischen Tag. Dann gingen sie murmelnd auseinander. „Kinderkram!", schimpfte Herr Klotz, als er die Tür donnernd hinter sich ins Schloss geworfen hatte.

Herr Klotz glaubte nicht an Wunder genauso wenig wie er an diesen Dings, an diesen Osterhasen oder an diesen Kerl mit dem weißen Bart, an diesen Weihnachtsmann glaubte. Mit einem Rums ließ er den Karton auf den Flurteppich fallen, mit einem Ruck setzte er sich an den Küchentisch. Er stützte den Kopf in beide Fäuste und starrte auf die Uhr.

Sobald es dunkel war, würde er seinen Plan ausführen. Herr Klotz schaute schläfrig zur Kuckucksuhr. Das gleichmäßige, geduldige Klickklack ermüdete ihn. Seine Augenlider wurden schwer wie Theatervorhänge, er nickte ein und schnarchte wie ein russischer Bär.

Als Herr Klotz aufwachte, war es tiefe Nacht. Oha, der Mond steht bereits hoch am Himmel!, dachte Herr Klotz und erschrak. Dabei stand der Mond nicht einfach nur so am Himmel. Er wiegte sich sacht in seinem Wolkenstuhl und schmauchte genüsslich seine Abendpfeife. Aber Herr Klotz hatte nun mal keinen Sinn für Romantik. Schon gar nicht an einem Tag wie diesem.

Eilig lief er in den Flur und riss den Pappkarton auf. Er werkelte ein paar Sekunden lang ungeduldig mit einer langen Schnur herum, dann trat er triumphierend vor die Tür – und erschrak. Im Mondlicht sah der Schneemann aus wie ein Geist. Herr Klotz pirschte sich an den Schneemann heran. Die lange Schnur schlängelte sich über den Rasen wie eine Blindschleiche.

Der Mond warf einen überraschten Blick auf die beiden Gestalten dort unten. Komisch, der Schneemann hatte die gleiche rote Knubbelnase und die gleichen pechschwarzen Knopfaugen wie der kleine, dicke Mann. Beide hatten die gleichen stöckchengeraden Augenbrauen und den gleichen dünnen, schiefen Mund. Sogar ihre spiegelglatten Kugelglatzen ähnelten einander wie ein Frühstücksei dem zweiten. Das alles betrachtete der Mond amüsiert und von oben herab. Gesichter faszinierten ihn. Im Gegensatz zu Herrn Klotz, den interessierte weder sein eigenes Gesicht noch gar das des Schneemannes.

Herr Klotz stellte den Kasten vor dem Schneemann ab. „Mit wärmsten Empfehlungen!“, murmelte er und lächelte giftig grün. Dann bückte er sich und drehte vorne am Kasten einen Knopf nach rechts. „Klick“ machte es und drei Röhren leuchteten glühend-rot auf. Aha, Herr Klotz hatte einen Heizofen gekauft. Er wollte den Schneemann in Grund und Boden schmelzen. Da hatte er sich ja was richtig Gemeines ausgedacht!

Während Herr Klotz darauf brannte, dass der Schneemann im Erdboden versank, war ihm auf einmal, als säße er vor der Höhensonne und nicht der Schneemann. Kleine Schweißbäche rannen ihm die dicke, glatte Stirn hinunter, seine Hände fühlten sich glitschig-nass an und er bemerkte, wie sein Oberhemd an seinem dicken Bauch festzukleben begann. Herr Klotz fror und schwitzte mit sich um die Wette. An seinen Füßen steckten statt der Zehen Eiszapfen. Kein Wunder, er versank ja einen halben Meter tief im eiskalten Schnee. Nun dauerte die Schneemannbeseitigungsaktion bereits eine dreiviertel Stunde. Herr Klotz stupste dem Schneemann vorsichtig in den Bauch. Der Schneemann war nicht einen Millimeter aufgeweicht, er war noch genau so knochenhart wie heute Morgen. „Mann, Mann, Mann!“, fluchte Herr Klotz und stiefelte schimpfend und vor Nässe triefend zurück ins Haus. Jetzt hatte er aber die Faxen dicke! „So ein Pfusch!“, brummelte Herr Klotz und schleuderte die durchnässten Schuhe von seinen verfrorenen Füßen. Gleich morgen wollte er das Murks-Elektrogerät in das Murks-Geschäft von Frau Stecker zurückbringen. Herr Klotz humpelte ins Badezimmer und zog sich einen Schlafanzug über. Er begann mit den Zähnen zu klappern, sein Hals fühlte sich an wie ein Reibeisen, jemand schien an seinen Ohren zu ziehen und zu zerren, er bekam rote, kleine Kaninchenaugen. Herr Klotz kroch bibbernd ins Bett. Er fand es auf einmal lausekalt bei sich. Herr Klotz krabbelte aus dem Bett und holte den Heizofen aus dem Flur. Er stöpselte den Stecker in die Steckdose und drehte den Schalter auf Stufe zwei. Eine wohlige Wärme verbreitete sich im Raum. Herr Klotz schlummerte ein und fiel in einen tiefen, unruhigen Schlaf. Er träumte etwas Schreckliches – von einem Schneemann, der unangemeldet in seinem Garten erschienen war. Mitten im Sommer.

Als Herr Klotz am nächsten Morgen erwachte, war ihm nicht mehr kalt. Ihm war sogar ausgesprochen heiß. Auf wackeligen Knien schlurfte er ins Bad und schob sich ein Fieberthermometer unter die Zunge. 39 Grad! „Junge, Junge!“, krächzte Herr Klotz. Seine Stimme klang wie die eines ketterauchenden Papageien. Herr Klotz schlich zum Telefon und rief in der Firma Polterhannes und Söhne an. Es war das erste Mal seit dreißig Jahren, dass er sich krank meldete. „Peinlich, peinlich“, krächzte Herr Klotz. Dann stopfte er sich dicke Watteberge in die Ohren und trottete in die Küche, um sich eine Tasse Kamillentee aufzubrühen.

Zufällig fiel sein Blick in den Vorgarten. Herr Klotz zuckte zusammen. Da stand ja noch immer dieser grässliche Schneemann. Es war also doch kein böser Traum gewesen. Auch der Rasen war noch immer schneebedeckt. Der Schneemann muss weg, dachte Herr Klotz. Das hatte auch der Wachtmeister polizeilich angeordnet. Herr Klotz warf sich seinen Bademantel über wie ein Torero. Er wollte den Stier, besser gesagt, den Schneemann, endlich bei den Hörnern packen. Er schnappte sich einen alten Besen aus der Küchenecke und stürzte hinaus. „Dein Typ wird hier nicht verlangt!“, krächzte er und raste wie entfesselt auf den Schneemann zu.

Hoppla, fast wäre er mit jemandem zusammengestoßen. Eine Dame stand vor dem Schneemann und sprach freundlich mit ihm. Sie hielt eine Gardine oder so etwas Ähnliches in der Hand. Es war Frau Wadenstrumpf, die Nachbarin aus der Grummelstraße 5. Seit fünfzehn Jahren lebten Herr Klotz und Frau Wadenstrumpf Haus an Haus. Trotzdem hatten sie nie ein Wort miteinander gewechselt. Herr Klotz ging Frau Wadenstrumpf am liebsten aus dem Weg. Sie war ihm unheimlich, vielleicht weil sie ihn immer so liebenswürdig anlächelte, obwohl er sie seit 15 Jahren geflissentlich übersah. Da! Frau Wadenstrumpf lächelte schon wieder! Sie sagte sogar etwas, aber Herr Klotz hörte nichts durch die Watteberge in seinen Ohren. Stattdessen sah er, wie Frau Wadenstrumpf beschwingt einen Schal um den Hals des Schneemanns warf.

Ein Hallo brauste auf wie in einem Fußballstadion. Herr Klotz fuhr entsetzt herum und zuckte zusammen wie vom Blitz getroffen: Dort standen wieder diese aufdringlichen Menschen vor seinem Haus' – „Bravo. Einen Wollschal für den Schneemann!", riefen die Menschen und applaudierten. Frau Wadenstrumpf winkte fröhlich in die Menge. Als ihr Blick auf Herrn Klotz fiel, lächelte sie charmant. Herr Klotz grunzte und lehnte den Besen vergrätzt an den Schneemann. „Bravo! Herr Klotz überreicht dem Schneemann einen Schneebesen!", riefen die Menschen und ein rothaariger Mann von der Presse schoss ein paar Fotos. Herr Klotz verstand immer nur Bahnhof, das heißt Schneemann.
Er zog den Bademantel fester um seinen dicken Bauch und wandte sich zum Gehen. Da machte es Tatütata und das grün-weiße Polizeiauto von gestern fuhr wieder vor und der Wachtmeister von gestern ruderte wieder aufgeregt auf Herrn Klotz zu. „Schon gut. Schon gut. Regen Sie sich nicht künstlich auf!", krähte Herr Klotz. „Morgen ist der Schneemann weg!" „Unterstehen Sie sich", rief der Wachtmeister. „Lassen Sie den Schneemann, wo er ist. Er ist die Touristenattraktion für unsere kleine Stadt."
Herr Klotz zuckte mit den Achseln und ging wortlos ins Haus. Er stellte den Heizofen auf Stufe drei und setzte sich an sein Wohnzimmerfenster. Von dort schaute er hinaus in den Garten. Warum machten die Menschen solch ein Aufhebens um diesen Schneemann? Er war doch gar nichts

Besonderes. Herr Klotz schnäuzte sich geräuschvoll und schaute missmutig hinaus.

Am nächsten Tag schellte es zum ersten Mal nach vielen Jahren wieder einmal bei Herrn Klotz an der Haustür. Die Türglocke war entsprechend verstimmt und meldete den Besucher mit blechernem Scheppern an. Herr Klotz schlurfte zur Tür und öffnete. Draußen stand ein junger, schlaksiger Mann mit roten Stoppelhaaren. Seine Nase war mit unzähligen Sommersprossen übersät. Sogar auf seiner Oberlippe saßen zwei, drei gesprenkelte Pünktchen. Über seiner linken Schulter hing ein Fotoapparat mit Blitzlicht.

„Hallo, Herr Klotz!", sagte der junge Mann freundlich. „Darf ich kurz stören? Ich komme von den Kleinstädter Nachrichten und …"

„Weiß ich!", knarzte Herr Klotz und schaute den jungen Mann misstrauisch an. „Sie sind Reporter. Gestern haben Sie hier Fotos geschossen. Ihre roten Haare leuchteten in der Sonne und …" Herr Klotz stockte. Dann fragte er kurz: „Na und? Was wollen Sie?" Der junge Mann lachte. „Unsere Leser möchten noch viel mehr über Sie erfahren!" Herr Klotz starrte den jungen Mann an. Was gab es schon über ihn zu berichten? Seit er denken konnte, war er so gewesen wie jetzt. Das heißt … Herrn Klotz fiel plötzlich ein, dass er einmal ein verträumter kleiner Junge gewesen war und ein romantischer junger Mann. Früher hatte er weiße, dichte Wolle auf dem Kopf gehabt. ‚Mein Schäfchen', hatte seine Mutter zu ihm gesagt … Lächerlich!

„Meinetwegen, kommen Sie rein!", brummte Herr Klotz. „Viel Zeit hab' ich aber nicht!" Er fischte eine verstaubte Flasche Cognac aus dem Wohnzimmerschrank und stellte zwei angestoßene Gläser auf den Tisch. Bald dämmerte es in der kleinen blauen Stadt und Herr Klotz knipste Licht im Wohnzimmer an, ausnahmsweise, weil er Besuch hatte. Ein Abendspaziergänger wunderte sich. Dieses Haus war um diese Zeit sonst nie beleuchtet. Der Mann blieb neugierig stehen und sah von der Straße aus, wie der alte Klotz in schweren Schränken wühlte und dicke Fotoalben aus den Regalen hervorholte. Er sah, wie sich der Fotoreporter neben Herrn Klotz auf das durchgesessene Plüschsofa setzte und beide in alten Alben blätterten. Der Spaziergänger staunte Bauklötze und ging nach Haus.
Irgendwann kramte Herr Klotz eine kleine, flache Holzkiste aus der alten Eichenholz-Vitrine und bot dem Fotoreporter eine von seinen Havanna-Zigarren an. Gut, dass er noch welche für besondere Anlässe aufgespart hatte. Die Sonne hatte sich längst aufs Ohr gelegt, der Himmel hatte längst die Vorhänge zugezogen, die Kirchturmuhr schlug leise Mitternacht, als der Fotoreporter nach Hause ging. Herr Klotz saß noch eine Weile für sich allein. Dann löschte er das Licht in der Wohnstube und legte sich auch zur wohlverdienten Ruhe.
Nach und nach gewöhnten sich die Menschen an den wundersamen Schneemann, der nicht tauen wollte. Im August trafen längst nicht mehr so viele Schneemann-Touristen in

der kleinen blauen Stadt ein wie noch im Juli. Im September kamen noch weniger Besucher, im goldenen Oktober waren es nur noch ein paar vereinzelte. Schließlich blieben auch die Zeitungsleute aus. Dafür zog der Winter in die Stadt ein und mit den ersten dicken Schneeflocken, die zur Erde schwebten, fingen die Kinder an, ihre eigenen Schneemänner zu bauen. Herrn Klotz' Schneemann war nun einer von vielen. Die Menschen, die sich regelmäßig vor seinem Grundstück versammelt hatten, fehlten Herrn Klotz. Mit der Zeit hatte es ihm richtig Freude gemacht, sie von seinem Küchenfenster aus zu beobachten. Immer öfter war er hinaus in den Vorgarten getreten.

Dann hatte er den alten Bäumen einen freundschaftlichen Klaps auf die Rinden gegeben oder er hatte Unkraut aus dem Rasen gezupft. Er wusste, dass die Leute ihn grüßen würden, wenn er im Garten arbeitete. Einige hatten sich sogar nach seinem Befinden erkundigt. Herr Klotz hatte dann immer etwas Brummiges zur Antwort gegrummelt, aber im Stillen hatte er sich gefreut über das Interesse seiner Zaun-Gäste. Hatte, hatte, hatte. Und jetzt, was hatte er jetzt noch?

Besonders die Gespräche mit den Fotoreportern fehlten Herrn Klotz. Es gab vieles, was er ihnen gern noch erzählt oder gezeigt hätte. Seine Zinnbecher-Sammlung zum Beispiel. Vielleicht hätte er ihnen sogar etwas auf seiner Mundharmonika vorgespielt. Ein paar alte Weisen hätte er sicher noch zustande gebracht. Wem sollte er nun aus seinem Le-

ben berichten? Niemand war mehr da, der sich für ihn interessierte.
Eines Nachmittags, als Herr Klotz seinen täglichen Rundgang durch den Garten machte und mit der Hand über die Hecken strich wie über wuschelige Kinderköpfe, schaute er den Schneemann prüfend an. Warum sollte er nicht einen kleinen Abendplausch mit dem Kollegen halten? Aber wie sollte er ihn anreden? „Schöner Abend, was, Herr Schnee?", fragte Herr Klotz und deutete mit den Augen nach oben. Am Himmel weidete eine Herde Wolken. Der Wind strich durch die Bäume und Herr Klotz hörte zum ersten Mal ein Knacken im Unterholz, eine Vogelstimme. Sprach da nicht sogar …? Er spitzte die Ohren und, mein lieber Scholli, er täuschte sich nicht: „Ja", antwortete der Schneemann leise. „In der Tat. Ein ganz besonders schöner Abend!"
Herr Klotz räusperte sich. „Pfeife, Herr Schnee?", fragte er und zog eine Meerschaumpfeife aus seiner Hosentasche. Herr Schnee lächelte und nickte dankend. Von diesem Moment war das Eis zwischen ihnen gebrochen. Sie hielten nun manchen Abend ein Plauderstündchen ab – von Schneemann zu Mann. Weihnachten rückte näher. Die kleine blaue Stadt hatte sich prächtig herausgeputzt. Sie strahlte über das ganze Pflaster und leuchtete aus allen Straßen und Plätzen.
„Morgen ist Heiligabend, Herr Schnee!", sagte Herr Klotz am 23. Dezember zum Schneemann. „Was würden Sie davon halten, wenn ich uns zur Feier des Tages ein Tannen-

bäumchen in den Garten stelle und wir gemeinsam etwas Punsch trinken?" „Schöne Idee!", sagte Herr Schnee.

Am Vormittag des 24. Dezembers schleppte Herr Klotz den alten Schuhkarton mit dem Weihnachtsschmuck vom Boden. Er schmückte die Nordmanntanne mit Kerzen, bunten Kugeln, gelben Strohsternen und goldenem Lametta. Nachmittags stellte er sich in die Küche und verrührte eine Flasche Rotwein mit Orangensaft, Vanilleschoten und Anisgewürz zu einem würzigen Christkindl-Punsch. Die Sterne glitzerten am Himmel wie winzige elektrische Glühbirnen und die Kirchenglocken läuteten vom Marktplatz herüber. Die Menschen strömten aus der Weihnachtsandacht nach Hause. In den Fenstern gingen die Lichter an und es wurde ganz still in der kleinen blauen Stadt. Als kein Mensch mehr auf der Straße zu sehen war, trug Herr Klotz das Weihnachtsbäumchen über den Rasen und stellte es neben Herrn Schnee. Dann holte er den dampfenden Punsch und zwei große Weihnachtsbecher aus dem Haus. „Frohe Weihnachten, lieber Freund!", sagte Herr Klotz und drückte dem Schneemann einen Becher Punsch in den Arm.

Sie stießen auf Weihnachten an. Herr Klotz summte ein Weihnachtslied und nahm einen beherzten Schluck. Und noch einen. „Ja, ja, lieber Freund!", sagte Herr Klotz nach dem dritten Schluck und umarmte Herrn Schnee. Ihm wurde plötzlich ganz wehmütig zumute. Seine Augen brannten. Er blinkerte hinauf zu den Sternen und horchte andächtig in

die lautlose Nacht. Wie still es war. „Ja, ja. Stille Nacht, heilige Nacht“, murmelte Herr Klotz. Da knirschte es.
Herr Klotz hielt die Luft an und lauschte. Das Knirschen wurde lauter und kam näher. „Huch“, dachte Herr Klotz. „Schritte!“ Wer war denn so spät noch unterwegs? Womöglich der Weihnachtsmann? Ausgeschlossen, der Weihnachtsmann hatte sich seit dreißig Jahren nicht mehr in der Grummelstraße 7 blicken lassen! Herr Klotz kniff die Augen zusammen und starrte angestrengt in die Nacht. Eine pummelige Gestalt im dicken, roten Mantel schlich schnurstracks auf die Haustür von Herrn Klotz zu. Das Gesicht war tief in eine dicke, rote Kapuze gehüllt. Die Gestalt schaute sich verstohlen um und Herr Klotz huschte hinter den breiten Rücken von Herrn Schnee. Er wollte den Weihnachtsmann auf keinen Fall vertreiben – jetzt, wo dieser ihn wieder für sich entdeckt hatte. Herr Klotz fühlte, dass sein Herz so laut klopfte wie seine Kuckucksuhr, nur viel schneller.
Am Ende würde sein Herz ihn noch verraten! Aber da entfernte sich der Weihnachtsmann und alles war wieder ganz still. Die Luft ist rein, dachte Herr Klotz und jagte zum Haus. Donnerlüttchen! Auf der Türschwelle lag ein goldglänzendes Paket mit einer großen roten Brummerschleife auf dem Deckel. Auf einem Zettel stand in krickeligen Buchstaben geschrieben: „Für Julius Klotz. Vom Weihnachtsmann.“
An diesem Abend ging Herr Klotz spät zu Bett. Er saß andächtig auf dem durchgesessenen Sofa in seinem Wohnzimmer und hielt sein Geschenk auf den Knien. Alte, längst ver-

blasste Bilder tauchten in seinem Kopf auf, wie Strandgut, das nach Jahren ans Ufer schwappt. Herr Klotz saß still und lauschte in sich hinein.

Am nächsten Nachmittag um vier Uhr läutete es bei Herrn Klotz. Nanu, dachte Herr Klotz, so früh am Morgen, wer konnte das sein? Er war noch nicht sehr lange auf und trottete müde zur Tür. Vor ihm stand seine Nachbarin aus der Grummelstraße 5. „Frohe Weihnachten!", sagte Frau Wadenstrumpf munter und hielt Herrn Klotz einen Kuchenteller unter die Nase. „Mögen Sie Stollen, Herr Klotz? Ich habe zufällig welchen gebacken. Zu Kaffee schmeckt er ausgezeichnet."

Herr Klotz strich sich verlegen über die Glatze. Er sah sehr erschrocken aus, fand Frau Wadenstrumpf. Sie lächelte. Frau Wadenstrumpf sah wirklich nett aus, wenn sie lächelte, fand Herr Klotz. „Stollen esse ich für mein Leben gern. Am liebsten in netter Gesellschaft", antwortete Herr Klotz forsch und wurde rot wie ein Bratapfel.

Frau Wadenstrumpfs Augen funkelten wie zwei Christbaumkerzen, plötzlich war alles sehr weihnachtlich in der Grummelstraße 7. Herr Klotz eilte in die Küche, in der Vitrine fand er Gott sei Dank noch zwei Tassen und zwei Teller von dem guten Porzellan. In der Küche brühte er frischen Bohnenkaffee auf. Dann huschte er ins Wohnzimmer und zündete die Baumkerzen an. „Schön haben Sie es hier. Richtig weihnachtlich!", sagte Frau Wadenstrumpf und deutete auf die kleine geschmückte Nordmanntanne. Vor dem Bäumchen, neben einer roten Brummerschleife, lag ein handgestrickter blauer Wollschal. „Vom Weihnachtsmann!“, sagte Herr Klotz und wurde wieder rot.

Frau Wadenstrumpf räusperte sich. „Ja, dann will ich mal den Stollen in die Küche bringen …“, sagte sie und verschwand. Herr Klotz lief zur Wohnzimmerkommode und kramte in einer Schublade. Er zog ein silbernes Etui aus der untersten Lade hervor, aus dem er eine alte Mundharmonika in seine Hand gleiten ließ. Herr Klotz klopfte ein paar Mal auf der Mundharmonika herum, damit die falschen Töne herauspurzelten. Dann setzte er das Instrument an den Mund und spielte „Stille Nacht, heilige Nacht“. Frau Wadenstrumpf stand mit zwei Tellern in der Tür und lächelte gerührt. Sie setzte sich zu Herrn Klotz auf das Sofa und sang alle drei Strophen des Liedes laut mit.

Es schneite. Dicke Schneeflocken wirbelten durch die Luft, tanzten über das Gartengrundstück und setzten sich an die Fensterscheiben. In der Wohnstube duftete es nach frischem Bohnenkaffee, Tannennadeln und echten Bienenwachskerzen. „So einen guten Stollen habe ich aber lange nicht mehr gegessen!“, sagte Herr Klotz und nickte anerkennend. „Nicht wahr?“, meinte Frau Wadenstrumpf. „Greifen Sie doch zu. Ich fürchte, ich kann auch nicht widerstehen.“ Sie reichte Herrn Klotz den Teller und nahm sich selber noch ein Stück. Herr Klotz aß und schwieg. Frau Wadenstrumpf schaute versonnen aus dem Fenster.

„Wo ipf denn eigentlich Ihr Pfhneemann?“, fragte Frau Wadenstrumpf plötzlich mit halb vollem Mund. Fast hätte Herr Klotz seinen Kaffee verschüttet. Er sprang auf und rannte zum Fenster. Frau Wadenstrumpf hatte recht, der Schneemann war weg. „Kommen Sie, meine Liebe!", rief Herr Klotz, griff nach seinem Schal und stürzte hinaus. Frau Wadenstrumpf warf das angebissene Stück Stollen auf ihren Teller, riss ihren Mantel vom Haken und stolperte hinter Herrn Klotz her. Sie liefen zu dem Platz, auf dem der Schneemann all die Monate gestanden hatte. „Spurlos verschwunden!", stellte Frau Wadenstrumpf erstaunt fest und pfiff leise durch die Zähne.

Herr Klotz seufzte und schüttelte den Kopf. Er seufzte einige Male und schüttelte wieder und wieder den Kopf. Dann schaute er Frau Wadenstrumpf an und ein schüchternes Lächeln huschte über sein Gesicht. Sie stapften eine Weile nebeneinander her durch den tiefen Schnee. Zwei Farbkleckse auf weißem Untergrund. Herr Klotz mit seinem blauen Schal um den Hals, Frau Wadenstrumpf in ihrem dicken, roten Kapuzenmantel. Sie hielten die Blicke starr auf den Boden gerichtet, gerade so, als suchten sie etwas.

Irgendwann hielt Frau Wadenstrumpf inne und schaute hinauf zu den Sternen, irgendwann rückte Herr Klotz ganz nah an sie heran, irgendwann schob er wortlos seinen Arm unter ihren. Der Mond lächelte. Petrus hatte für heute Tauwetter angesagt. Und so war es auch.

Draußen vor den Schaufenstern

„Ein Berg Geschenke", dachte die Sechzigjährige nervös. „Und so viele Kolleginnen und Kollegen sind gekommen." Sie griff in ihre Jackentasche. Der Zettel war noch da. Hoffentlich würde sie ihn nicht brauchen; ihre Rede ablesen zu müssen wäre ihr peinlich.

Der Raum füllte sich. Eigentlich hatte sie ja nicht groß feiern wollen, schon gar nicht so kurz vor Weihnachten, wo viele schon in den Winterferien waren, aber dann hatten die Kolleginnen ihr zugeredet. Deinen sechzigsten Geburtstag kannst du doch nicht so einfach übergehen. Wir helfen dir bei den Vorbereitungen. Ganz ohne Gäste wirst du schon nicht dastehen, keine Bange. Und tatsächlich waren erstaunlich viele Kolleginnen und Kollegen gekommen, sogar ein paar, die sich schon in den Urlaub verabschiedet hatten, aber noch nicht verreist waren. Die Sechzigjährige sah die Verwaltungsleiterin mit ausladenden Schritten auf sie zukommen. Bei dem schmalen, rot eingeschlagenen Päckchen, das sie sich unter den linken Arm geklemmt hatte, handelte es sich sicher um ein Buch, einen Bildband wahrscheinlich. Die Verwaltungsleiterin verschenkte mit Vorliebe Bildbände. „Wie nett, vielen Dank! Ich freue mich, dass Sie gekommen sind!" Noch ein Blumenstrauß, noch eine Flasche Rotwein und noch etwas hübsch Verpacktes. Wohin damit? Langsam wurde es eng auf dem Geschenketisch. „Pur oder mit Orangensaft?", fragte die Sechzigjährige. Sie verteilte Sektgläser, schüttelte Hände und nahm zahllose Glückwünsche entgegen. Der Raum war vollgepackt mit Frauen und Männern in Feierlaune. Die Jubilarin nippte an ihrem Sektglas. Ihr schwirrte der Kopf. Mit welchem Satz begann noch der Mittelteil ihrer Rede? Sie versuchte, sich zu konzentrieren. *Bling, bling.* Die Gäste wendeten die Köpfe zum Fenster. Von dort kam das Geräusch. Der Abteilungsleiter, der sich bislang diskret im Hintergrund gehalten hatte, stieß mit einem Espressolöffel gegen sein Sektglas. Schlagartig verebbte das Stimmengewirr. „Liebe Frau …" Der Abteilungsleiter setzte zu reden an und sie merkte, wie ihr Herz zu klopfen begann. Sie merkte dann aber auch, wie sie zunehmend ruhiger wurde. Es war eine schlichte, wertschätzende Ansprache. Sie war ihm dankbar. Er verlor sich weder in einem epischen Festtagsgedicht auf seine „liebe, sehr verehrte Mitarbeiterin" noch nutzte er die Gelegenheit zu einer Selbstdarstellung. Das war eine gute Rede: „mit einem Anfang und einem Ende und dazwischen ziemlich kurz".

Die Sechzigjährige bedankte sich bei ihrem Vorgesetzten; der erhob sein Sektglas auf sie, die Kolleginnen und Kollegen taten es ihm nach, es wurde applaudiert. Jetzt bin ich an der Reihe, dachte die „Laureatin" und räusperte sich. Sie sah in die erwartungsvollen Gesichter der Umstehenden, einige nickten ihr aufmunternd zu. Sie zog den Zettel aus ihrer Jackentasche, warf einen Blick darauf und zögerte und … zerknüllte ihn. Freundliches Gelächter.

„Eigentlich wollte ich eine vorbereitete Rede halten", begann sie und machte eine Pause. „Aber ich habe es mir anders überlegt. Ich möchte keine Rede halten, ich möchte Ihnen eine Geschichte erzählen, eine, die vom Feiern und vom Schenken handelt. Heute feiern wir meinen Geburtstag und in drei Tagen feiern wir noch ein Fest. Heiligabend. Vielleicht haben Sie schon die Geschenke für Ihre Lieben zusammen, wenn nicht, werden einige von Ihnen vielleicht abends nach Dienstschluss noch in die Geschäfte eilen. Diese haben ja bis 22 Uhr geöffnet und manche, so kurz vor Weihnachten, öffnen sogar am Sonntag. Und da bin ich bei meiner Geschichte. Sie spielt in der Vorweihnachtszeit meiner Kindheit. Ich möchte Ihnen von einem Adventsritual erzählen, das es in unserer Familie gab. Jeden Sonntag nach den Zwanzig-Uhr-Nachrichten, wenn es draußen schon dunkel war, fuhren unsere Eltern mit uns in die Stadt. Die Warenhäuser und Cafés hatten längst geschlossen und es waren nur wenige Menschen in der Kälte unterwegs. Unsere Eltern hatten uns in dicke Mäntel und Mützen und in warme Stiefel und Handschuhe gepackt und so stapften wir neben ihnen her, traten vor die herrlich dekorierten Schaufenster und standen und staunten und waren glücklich. Kaufen konnten wir von den Herrlichkeiten hinter Glas nichts. Nicht um diese Uhrzeit. Und selbst wenn die Geschäfte noch geöffnet gewesen wären, hätten wir nichts kaufen können. Wir waren fünf Kinder und große Sprünge konnten sich meine Eltern nicht leisten. Wir mussten uns bescheiden. Manches war einfach

nicht drin. Darüber herrschte stilles Einverständnis unter uns. Dieses stille Einverständnis machte uns auf eine Weise zufrieden mit dem, was wir hatten oder auch nicht haben konnten. Es fehlte uns im Grunde an nichts.
Erst wenn wir nach den Weihnachtsferien in der Schule von unserer Lehrerin gefragt wurden, was wir denn alles Schönes geschenkt bekommen hätten, worauf meine Mitschülerinnen all die vielen schönen teuren Geschenke aufsagten wie ein Gedicht, stellte sich bei mir das mulmige Gefühl ein: abseits, draußen vor den Schaufenstern zu stehen. Dann tat ich etwas, was mir im Grunde nicht behagte. Ich trug aus den Aufzählungen meiner Klassenkameradinnen eine eigene Liste, ein eigenes gestohlenes Geschenkegedicht vor und gab es als das meine aus. Damit war ich im tiefsten Grunde meines Herzens nicht einverstanden, nicht ‚zu Frieden', so wie ich im tiefsten Grunde meines Herzens doch zufrieden war mit dem, was an bescheidenen Geschenken auf meinem Gabentisch lag. Dieses erlogene Geschenkegedicht kam mir vor wie ein beschämender Verrat an unserem stillen Einverständnis, an unserem bescheidenen un-vergleichlichen Reichtum: miteinander durch die dunkle, beleuchtete Stadt zu gehen, draußen vor den Schaufenstern zu stehen und dabei glücklich zu sein."
Die Sechzigjährige schwieg. Auch die Gäste schwiegen. Eine nachdenkliche Stille lag über dem Raum, als würden alle noch über das Erzählte nachdenken oder in eigenen Erinnerungen schwelgen.

„Vielleicht fragen Sie sich, was diese Weihnachtserzählung mit meiner Geburtstagsfeier oder einer Dankesrede zu tun hat", fuhr die Frau nach einem kurzen Schweigen fort. Sie lächelte und schaute sich um. „Heute können wir rund um die Uhr ‚shoppen' gehen. Ob in der Einkaufsstraße oder im Netz, wir müssen nicht draußen vor den Schaufenstern stehen, wir haben ein gutes Auskommen. Zumindest die meisten von uns. Auch ich muss schon lange kein erfundenes Geschenkegedicht mehr aufsagen. Viele Träume habe ich mir bis heute erfüllen können und dieser üppig gefüllte Tisch würde den Rahmen jedes Gedichtes sprengen. Und trotzdem geht es mir heute auch ein wenig wie damals ..." Sie deutete auf ihren Geschenketisch. „Verstehen Sie mich bitte nicht falsch. Ich freue mich sehr über die Geschenke und ich danke Ihnen für all das hier. Zu Hause werde ich alles in Ruhe auspacken. Aber, ganz ehrlich: Viel mehr als über den Geschenkeberg freue ich mich darüber, mit lieben Menschen zusammen zu sein. Und dass heute so viele von Ihnen gekommen sind, um mit mir gemeinsam zu feiern, das ist und bleibt das schönste Geschenk."